Die PaarProbleme

Wenn die Beziehung
Unterstützung braucht

Angelika Kaddik

Die PaarProbleme

Wenn die Beziehung
Unterstützung braucht

KÖNIGSFURT URANIA

Wichtiger Hinweis

Die in diesem Buch enthaltenen Informationen und therapeutischen Interventionen /Angebote (Ratschläge) wurden von der Autorin sorgfältig erarbeitet. Eine Garantie kann dennoch nicht übernommen werden. Die Informationen und therapeutischen Interventionen / Angebote (Ratschläge) sind außerdem nicht dazu gedacht, die Beratung durch einen Therapeuten zu ersetzen, sofern eine solche angezeigt ist. Eine Haftung der Autorin oder des Verlags ist ausgeschlossen.

Bibliographische Information der Deutschen Nationalbibliothek

Die Deutsche Nationalbibliothek verzeichnet diese Publikation in der Deutschen Nationalbibliographie; detaillierte bibliographische Daten sind im Internet über http://dnb.d-nb.de abrufbar.

Wir danken der Firma Räder, Bochum, für die Erlaubnis der Abbildung der von ihr erstellten Skulpturen „Die Windsbraut und ihr Partner" auf dem Umschlag.

Originalausgabe
Krummwisch bei Kiel 2018
© 2018 by Königsfurt-Urania Verlag GmbH
D-24796 Krummwisch
www.koenigsfurt-urania.com
Umschlaggestaltung: Roland Huwendiek, Berlin
Lektorat: Marcus Reckewitz, Bonn und Berlin
Satz und Layout: Rafaela Nimmesgern, Annalena Weber
Druck und Bindung: Finidr s.r.o.
Printed in EU

ISBN 978-3-86826-165-3

FSC
MIX
Papier aus verantwortungsvollen Quellen
www.fsc.org FSC® C014138

Für meinen Mann und meine beiden wunderbaren Söhne

EINE WUNDERBARE JAPANISCHE TRADITION: KINTSUGI

Was machen Sie eigentlich mit den Dingen, die Ihnen kaputt gegangen sind oder die Sie nicht mehr mögen, die nicht mehr passen? Wegschmeißen? Reparieren?

Für viele von uns gibt es nur heil oder kaputt, schön oder hässlich. Und das, was kaputt ist, ist nichts mehr wert. Was uns nicht mehr gefällt, wird umgetauscht, neu gekauft. Denn wir mögen nur Heiles, Perfektes, Schönes. Und Geflicktes wollen wir schon gar nicht.

Die Japaner hingegen haben eine wunderbare alte Tradition, die „Kaputtes" nicht nur repariert, sondern auch noch verschönert. So „würdigen" sie zum Beispiel den Bruch einer Vase oder Schale, indem sie die Bruchstellen mit Gold auffüllen. Sie glauben nämlich, dass eine „verwundete" Sache, die eine Geschichte hat, schöner wird. Es war einmal kaputt, aber nun ist es repariert! Es hat Male und Zeichen, aber es ist wieder heil und trotzdem oder gerade deswegen wunderschön.

Ich übertrage diese schöne Tradition gerne auf die Arbeit mit meinen Paaren, die sehr oft zu mir kommen, wenn ihr Beziehungsfundament schon einige tiefe Risse bekommen hat. Sie stecken in einer Krise und haben dann oft den Eindruck, dass die Beziehung kaputt ist und dass es die beste Lösung wäre, sie zu beenden, sie „wegzuwerfen" oder gegen „etwas Neues" auszutauschen.

Aber das Leben besteht eben nicht nur aus gut und schlecht, heil oder kaputt, hell oder dunkel. Alles ist möglich – manchmal sogar parallel. Auch ein Beziehungsleben ist Liebe und Leichtigkeit, Schwere und Schmerz zugleich. Und manchmal lehrt uns der Schmerz das Leben und hilft uns dabei, uns oder etwas in unserem Leben zu verändern. Die Japaner erinnern mit dieser Tradition daran, indem sie diese Veränderungen mit Gold hervorheben.

Auch wir können unsere Risse, die Risse in unserem Beziehungsfundament mit Gold füllen, um es wieder zu stabilisieren. Aber auch, um uns zu erinnern, dass wir schwere Zeiten gemeistert haben und dass sich die Mühe gelohnt hat, weil das, was wir hatten, als es noch heil war, schön war. Weil das, was wir nun sehen und leben – trotz der mit Gold aufgefüllten Risse – wunderschön und besonders sein kann.

Jenseits von richtig und falsch
liegt ein Ort.
Dort treffen wir uns.
Rumi

Vorwort

Liebe Leserin, lieber Leser,

ist es nicht eigentlich ein bisschen verrückt, dass wir unserem Partner – also demjenigen, den wir doch lieben, der uns nah und wichtig ist – manchmal ein Verhalten zumuten, das wir uns anderen gegenüber niemals trauen würden, an den Tag zu legen? Dass wir bewerten, kritisieren, nörgeln, meckern und uns sogar über ihn lustig machen oder schlecht über ihn reden? Warum ist das so? Warum geben wir dem Partner so oft die Schuld daran, wenn wir uns schlecht fühlen, wenn unsere Bedürfnisse nicht befriedigt, unsere Erwartungen nicht erfüllt werden?

Warum verhalten wir uns manchmal und auch in immer wiederkehrenden Situationen so, wie wir es gar nicht wollen? Um was geht es uns denn wirklich, wenn wir streiten, wenn wir den Partner für unser Unglück verantwortlich machen?

Dieses Buch ist ein kleiner Einblick in die Arbeit mit meinen Klienten in meiner Praxis für Paartherapie. Es ist ein Einblick in die unterschiedlichen Problemsituationen im Beziehungsalltag, aber vor allen Dingen ein Einblick in die Möglichkeiten der Veränderungen, die sich Ihnen bieten, wenn Sie bereit sind, auf ein paar wichtige Dinge in Ihrem eigenen, aber auch in Ihrem Beziehungsleben zu achten.

Vielleicht erkennen Sie sich in dem einen oder anderen Praxisbeispiel sogar wieder und nutzen die Möglichkeit zu reflektieren und herauszufinden, um was es Ihnen tatsächlich geht und welche Alternativen es zu Ihrem herkömmlichen Beziehungsverhalten gibt.

Und vielleicht lernen Sie, achtsamer und großzügiger mit sich und Ihrem Partner umzugehen.

Dieses Buch enthält nicht unbedingt die Lösung all Ihrer Probleme. Es ist eher ein Buch, das Sie immer wieder daran erinnern möchte, dass Sie es selbst in der Hand haben, etwas in Ihrem Leben, aber auch in Ihrer Beziehung zu verändern. Dass Sie immer wieder neue Entscheidungen treffen können, um Ihre Beziehung zu verbessern. Und dass Sie die Verantwortung für Ihre Entscheidungen übernehmen sollten.

Es ist aber auch ein Buch, das Sie erkennen lassen soll: Ja, so oder so ist es bei mir, bei uns. Das kennen wir, das erleben wir so oder so ähnlich auch immer wieder. Was können wir also einmal anders machen als sonst? Was trauen wir uns auszuprobieren? Auf was müssen wir achten? Was bin ich, was sind wir bereit, für uns und den anderen zu tun? Auch wenn es anstrengend ist. Auch wenn es einfach „nur" aus Liebe ist.

Wenn Sie aber nun einmal tatsächlich der Meinung sind, dass allein Ihr Partner die Ursache Ihrer Probleme ist, dass er schuld daran ist, dass alles so furchtbar in Ihrem Leben ist, dann ist das ja auch erst einmal eine Erkenntnis. Die Frage ist nur: Was machen Sie jetzt damit?

Wie gehen Sie mit diesem Dilemma um? Was brauchen Sie, was wünschen Sie sich? Was soll anders werden? Natürlich können Sie Ihrem Partner all das, was Sie quält, vorwerfen. Vermutlich haben Sie das auch schon das eine oder andere Mal getan. Nur: Hat sich dadurch irgendetwas verbessert? Vermutlich nicht und wenn überhaupt, dann nur für kurze Zeit. Und dann haben Sie wahrscheinlich an Ihrem kratzigen Beziehungsmuster weiter gestrickt.

Also angenommen, Sie machen weiter wie gehabt, dann ist das auch eine Entscheidung. Sie können Zeter und Mordio schreien, die Messer wetzen, sich gekränkt zurückziehen, sich in der Opferrolle vergraben. Alles Ihre Entscheidung. Aber helfen wird es vermutlich nicht.

Dieses Buch möchte Ihnen stattdessen Anregungen geben. Es möchte Ihnen Alternativen und Ideen anbieten, die Ihnen vielleicht helfen. Was Sie mit diesen Ideen machen … Sie entscheiden!

NOCH EIN PAAR WORTE ZU MIR UND MEINER ARBEIT

Ich arbeite seit vielen Jahren in meiner Praxis systemisch-lösungs- und ressourcenorientiert. Das bedeutet, dass ich davon ausgehe, dass jeder Mensch Experte für sich und sein Leben ist und dass er in der Lage ist, für sich eigene Lösungen zu entwickeln.

Ich begleite meine Klienten – zusammen mit meinem Therapiehund, dem Mops Harley – dabei auf Ihrem Weg mit meiner persönlichen Haltung, die von Wertschätzung, Einfühlungsvermögen, Unvoreingenommenheit und Akzeptanz, aber auch von Humor und gerne manchmal auch von ein bisschen Provokation (Farelly-Provokative Therapie) geprägt ist.

Und ich orientiere mich an dem jeweiligen Anliegen, versuche zusammen mit meinen Klienten, Bedingungen zu schaffen, die ihre Ressourcen aktivieren, damit sie eigenverantwortlich und selbstorganisiert zu ihren eigenen Lösungen und Zielen finden.

Das bedeutet, dass wir weniger über die Probleme und deren Entstehung reden, sondern eher über die Ausnahmen – also wann sind die Probleme nicht da und was genau ist dann anders? Und wenn das, was ist, nicht mehr passt, was soll dann stattdessen sein? Welche Lösungen können gemeinsam gefunden werden, damit nicht nur über Probleme geredet wird, sondern auch etwas getan und verändert werden kann? Was steht mir, was steht uns – trotz unserer Probleme – an Kräften, an Erfahrungen, an Lösungen noch zur Verfügung und was ist trotz allem auch immer noch ein bisschen gut und darf so bleiben? Was schätze und liebe ich an meinem Partner – auch wenn ich ihn manchmal in die Wüste schicken möchte? Wie haben wir andere Probleme bisher lösen können?

PAARE ÜBER PAARE

Meine Klienten sind überwiegend Paare. Junge und alte Paare, von 21 bis 83 – es gibt keine Altersgrenze! Homo- und heterosexuelle Paare. Verheiratete und unverheiratete Paare. Paare mit Kindern, Paare ohne Kinder. Paare, die zusammen oder in einer Fernbeziehung leben. Paare, die ein Problem lösen wollen, aber einen Mediator zu Klärung benötigen. Paare, die sich trennen wollen. Paare mit einem zufriedenen und einem unglücklichen Partner. Paare, die wütend aufeinander sind, die viel streiten. Paare, die nicht miteinander reden können und sich gegenseitig die Schuld an ihren Problemen geben. Paare, die eifersüchtig und misstrauisch sind. Paare, die fremdgehen. Ratlose Paare. Trauernde Paare. Paare in akuten Krisensituationen. Paare mit unterschiedlichen Bedürfnissen, die keine Kompromisse finden können. Paare, die sich streiten, verletzen, respektlos miteinander umgehen. Paare, die Probleme mit ihren Herkunftsfamilien haben. Paare, die den Zugang zu sich und ihren Gefühlen verloren haben. Paare, die nebeneinander her leben. Paare, die sich nicht leiden, sich aber trotzdem nicht trennen können und Paare, die trotz Liebe nicht zusammen leben können.

Eines verbindet aber alle: Sie sind unzufrieden und oft sogar sehr unglücklich. Sie reden aneinander vorbei und missverstehen und verletzen sich dadurch. Sie achten nicht genug auf sich und auf den anderen. Sie fühlen sich unverstanden und unsicher und ganz oft auch einfach nur wütend und frustriert.

Und sie alle wollen doch nur geliebt, gesehen und in ihrer Not anerkannt werden. Sie suchen Nähe und Zufriedenheit. Sie möchten wissen, was sie tun können. Sie möchten einfach nur glücklich miteinander sein.

ÜBUNG MACHT DEN MEISTER

Ich biete meinen Paaren in den Sitzungen unterschiedliche Übungen an, die Sie auch in diesem Buch kennenlernen werden. Probieren Sie die Übungen und Anregungen aus diesem Buch aus. Denn das Lesen allein bringt ebenso wenig Veränderung wie die Vokabelliste an Ihrer Kühlschranktür, die da seit ewigen Zeiten ungenutzt rumhängt.

Denken Sie daran: Wenn Sie nichts verändern, ändert sich nichts. Bedenken Sie aber auch, dass Veränderung immer auch ein Prozess ist, der seine Zeit braucht. Es braucht ein wenig Übung und Geduld. Mit sich, aber auch mit dem Partner. Geben Sie sich diese Zeit, probieren Sie aus, wie es sich anfühlt, wenn Sie etwas anders machen als sonst. Und werfen Sie nicht gleich die Flinte ins Korn, wenn Plan A nicht funktioniert hat. Dann probieren Sie eben Plan B, C oder D.

Und glauben Sie mir: Ich schreibe hier nicht nur über die Erfahrungen aus meiner langjährigen Praxis, ich bin seit nunmehr fast 40 Jahren verheiratet – und das immer noch mit demselben Mann. Ich kann Ihnen versichern, dazu gehört tatsächlich nicht nur Liebe und Glück sondern viel Arbeit, Kraft, Mut, Zuversicht, Rücksichtnahme, Toleranz, Achtung und Respekt. Und Geduld! Nicht nur mit dem anderen, auch mit sich selbst. Eine große Portion Großzügigkeit und Humor schadet übrigens auch nicht!

Kurzum: Es hat sich gelohnt, wir sind uns sehr nah und wir sind sehr glücklich miteinander.

Dass es Ihnen auch so ergehen möge,
das wünsche ich von Herzen.

Ihre
Angelika Kaddik

▶ Sie werden in einigen Kapiteln immer wiederkehrende Sätze lesen. Das ist gewollt. Ich bin der Meinung, dass man manche Dinge nicht oft genug hören bzw. lesen kann.

▶ Der Einfachheit halber und entgegen jeder Gender-Correctness schreibe ich immer nur von „dem Partner" und nicht von „dem Partner und der Partnerin". Letztere ist aber immer mit gedacht und gemeint. Es mögen sich also bitte immer alle Menschen allen Geschlechts angesprochen fühlen.

▶ Die Namen der im Buch beschriebenen Paare wurden von mir selbstverständlich verändert, die Fallbeispiele wurden verkürzt dargestellt.

Wenn wir nur die guten Seiten
eines Menschen mögen,
dann ist es nicht Liebe!
Thich Nhat Hanh

Wenn der Partner plötzlich nicht mehr perfekt ist

Wir alle haben ja unsere Vorstellung vom perfekten Partner. Und in der akuten Phase des Verliebtseins fällt es uns auch überhaupt nicht schwer, uns den Partner so schön zu lieben, wie er vermutlich gar nicht ist, wir ihn aber gerne hätten. Allerdings ist die Wahrscheinlichkeit sehr groß, dass wir „nur" einen ganz individuellen Menschen mit guten, aber eben auch schlechten Eigenschaften, mit Ecken und Kanten bekommen. Es lohnt sich also, ehrlich mit sich selbst zu sein, anstatt zu hoffen, dass sich die Macken irgendwann einmal von selbst auswachsen, oder das, was fehlt, von alleine einstellt.

Ich weiß nicht mehr wer, aber irgendjemand sagte einmal: „Männer hoffen, dass ihre Frauen so bleiben, wie sie sie kennengelernt haben. Und Frauen hoffen, dass sich die Männer irgendwann so ändern, wie sie sie tatsächlich haben wollen."

Vergessen Sie das. Das funktioniert nicht. Und das ist auch gut so.

DER GANZ NORMALE BEZIEHUNGS-ALLTAG ...

In einer Partnerschaft geht es nämlich nicht darum, alle Probleme und Schwierigkeiten aus der Welt zu schaffen. Es geht vielmehr darum, zu lernen, wie man mit ihnen umgeht. Unterschiedliche Menschen mit unterschiedlichen Bedürfnissen, Wahrnehmungen und Werten müssen lernen, sich gegenseitig anzuerkennen. Und sie müssen lernen, Kompromisse zu finden. Das gelingt am besten, wenn sich jeder selbst bewusst darüber ist, was er braucht, wünscht – vielleicht auch erwartet – und genau das dann auch in der Lage ist zu kommunizieren. Hilfreich ist darüber hinaus, wenn jeder bereit ist, sich ab und an ein wenig zurückzunehmen, Rücksicht zu nehmen und anzuerkennen, dass es in keiner Beziehung möglich sein kann, alles zu haben!

Sie können also Ihren Teil dazu beitragen, indem Sie für sich herausfinden, was Sie selber bereit sind, für die Beziehung zu tun, anstatt nur darauf zu warten, dass Ihr Partner sich bereit zeigt, Ihnen das Leben so schön zu machen, wie Sie es sich vorstellen.

SIE SUCHEN DIE EIERLEGENDE WOLLMILCHSAU?

Berücksichtigen Sie aber bitte auch: Wenn Sie sich selbst zu sehr bewerten, sich kritisieren, unzufrieden mit sich sind, dann werden Sie auch immer auf der Suche nach genau dem sein, was weder in Ihnen noch in Ihrem Partner zu finden ist. Die eierlegende Wollmilchsau gibt es nicht. Und seien Sie ehrlich: Sie sind doch auch keine!

NEHMEN SIE SICH, WIE SIE BEIDE SIND!

Hören Sie also auf, sich auf das zu konzentrieren, was Ihr Partner nicht hat oder kann oder immer wieder falsch macht. Schauen Sie auf das, was liebenswert ist, was gut ist, was er tut, gut kann und gerne macht. Erinnern Sie sich immer wieder an das, was Sie damals, als Sie sich kennengelernt haben, doch so geliebt haben, wovon Sie nie genug bekommen konnten. Und nehmen Sie auch sich selbst an, so wie Sie sind. Erkennen Sie an, dass auch Sie nur ein Mensch sind, dass auch Sie Fehler machen. Versuchen Sie sich Ihre eigene „Unvollkommenheit" zu verzeihen und ändern Sie das, was Ihnen nicht gefällt. Und wenn Sie nicht wissen, wie Sie das anstellen sollen, dann nehmen Sie Hilfe an. Das kann nicht schaden. Vermutlich gehen Sie ja auch zum Arzt, wenn Sie gesundheitlich nicht allein weiter kommen.

WENN MAN BEGINNT, AM PARTNER RUMZUBASTELN…

Es gibt in jeder Beziehung genügend Gründe, sich über seinen Partner aufzuregen. Und da geht's – wenn wir ehrlich mit uns sind – manchmal, nein, meistens um Banalitäten. Schwierig und richtig anstrengend wird es aber, wenn einer versucht, den anderen zu verändern – und das dann nicht so richtig klappt. Wenn eine Bitte oder ein Wunsch nach einem anderen Verhalten vom Partner „abgenickt" wird – und sich dann der Wunsch im „Kommunikationsnirvana" in Luft auflöst, wenn dann Vorwürfe gemacht werden, die der Partner mit „Wieso? Du bist doch auch nicht besser…" quittiert, und wenn beide dann beleidigt auseinander gehen oder sich anschweigen, dann kann man schon mal auf Gedanken kommen…

Und wenn wir erst einmal in diesem Modus angekommen sind, dann fällt der Blick in die andere Richtung, nämlich in die Richtung des „Was ist trotz allem denn noch gut – oder auch nur noch ein bisschen gut" ziemlich schwer. Dann dauert es auch nicht mehr so lange und wir beginnen, den Partner generell und für alles und jedes zu kritisieren, anstatt uns darüber zu beschweren, was uns wirklich stört.

ESTER UND TIM HABEN EIN PROBLEM MIT DER ZUVERLÄSSIGKEIT!

Jeder Mensch hat unterschiedliche Bedürfnisse nach Ordnung, Zuverlässigkeit, Pünktlichkeit usw. Und dementsprechend geht er auch damit um. Wer also selber großen Wert auf seine Prinzipien legt, kann oft nicht nachempfinden, wie unwichtig genau das für sein Gegenüber sein kann. Treffen nun zwei wie Ester und Tim aufeinander, die von ihrer Art und ihren Bedürfnissen so unterschiedlich sind, kommt es in der Regel zu Problemen. Das, was gut und positiv am anderen ist, wird nicht mehr gesehen. Stattdessen überhäuft man sich mit Vorwürfen und schlimmstenfalls beginnt man sich gegenseitig abzuwerten.

Ester rief in der Praxis an, um einen schnellstmöglichen Termin zu verabreden: „Ich halte das nicht mehr länger aus … mein Mann…"

Ich unterbrach sie und sagte: „Ich kann Ihnen und Ihrem Mann gerne – auch zeitnah – einen Termin in der Praxis anbieten. Ich möchte Sie aber bitten, mir am Telefon erst einmal keine weiteren Informationen zu Ihrem Problem zu nennen. Lassen Sie uns das besprechen, wenn Sie und Ihr Mann zu mir kommen."

Ester: „Ja, aber Sie müssen doch wissen, warum wir kommen wollen – nein: müssen!"

„Ja, das möchte ich auch wissen. Aber nicht jetzt am Telefon. Es ist mir wichtig, dass Sie dann beide da sind. Sie erzählen mir die Situation aus Ihrer und Ihr Mann aus seiner Sicht. Und dann können wir zusammen überlegen, wie ich Sie beide unterstützen kann."

Als Ester und Tim vor der Tür standen, nahm Ester auch jetzt das Zepter in die Hand und wollte gleich loslegen.

Ich fragte erst einmal Tim: „Ihre Frau hat ja den Termin verabredet, und es schien mir sehr dringend zu sein. Wie war das denn für Sie?"

Tim antwortete: „Ja, so ist sie. Immer alles sofort und gleich. Aber für mich war das jetzt auch ok. Es muss sich ja mal was ändern."

Ester fing an zu berichten: „Ja klar war es dringend. Wenn ich das nicht auch organsiert hätte, säßen wir garantiert nicht hier! Also Frau Kaddik, es ist einfach so, dass wir viel zu organisieren haben. Unsere Tochter geht in die Schule, wir arbeiten beide, haben nur ein Auto. Da fängt es dann schon bei kleinen Sachen an. Ich bitte Tim, etwas fürs Abendessen mitzubringen, weil er das Auto hat, und er vergisst es einfach! Wie kann man das denn vergessen?"

Tim ging dazwischen: „Ja, ich hatte es an dem Tag vergessen, ich hatte den Kopf so voll, es war so stressig in der Firma. Wie oft soll ich mich noch entschuldigen. Außerdem bin ich doch abends noch losgefahren!"

Ester ging gar nicht weiter auf Tims Einwände ein: „Und auch sonst hält er sich oft nicht an Abmachungen. Ich hatte ihn gebeten, sich um einen Handwerker-Termin zu kümmern, weil wir ein Problem mit der neuen Heizungsanlage hatten. Tim sagte, dass er das erledigen wird, um dann eine Woche später zu sagen, dass er das doch noch nicht geschafft hat. Auch anderen gegenüber hält er Vereinbarungen nicht ein. Sogar Freunde versetzt er manchmal, obwohl er zugesagt hat zu helfen oder auch nur etwas vorbeizubringen. Wir müssen einen Weg finden, das zu ändern. Ich bin es leid, immer hinter ihm her zu sein, um ihn zu erinnern."

„Das scheint Ihnen ja gerade so richtig auf den Geist zu gehen. Die Vorwürfe sprudeln ja geradezu aus Ihnen heraus. Tim, wie geht es Ihnen, wenn Sie hören, was Ester Ihnen alles vorwirft?"

Tim sagte daraufhin: „Naja, ich kenne das ja alles schon, und glauben Sie mir, das habe ich alles schon tausendmal gehört. Ich finde, Ester ist einfach ein bisschen unflexibel, und außerdem ist ja noch niemand daran gestorben, weil ich mich eben etwas später kümmere. Ja, ich habe schon mal eine Verabredung platzen lassen oder auch einen Termin vergessen. Aber ganz ehrlich, oft ging es nicht um etwas Wichtiges, und außerdem kläre ich das doch mit meinen Freunden. Die sind, was das angeht, wesentlich entspannter. Und die wissen auch: Wenn es drauf ankommt, dann bin ich da."

Ich wandte mich Ester zu, die gerade dazwischen gehen wollte: „Ich vermute mal, dass Sie das gerade ganz anders sehen. Das ist ok – ich möchte Sie aber beide noch einmal bitten, sich gegenseitig ausreden zu lassen. Vielleicht machen wir es so, dass Sie beide gar nicht mehr miteinander, sondern nur noch mit mir übereinander sprechen. Und der andere versucht aktiv zuzuhören. Wahrscheinlich werden Sie Informationen bekommen, die untergehen, wenn Sie direkt miteinander sprechen. Versuchen wir es mal." Und an Tim gewandt: „Erzählen Sie bitte weiter."

Tim fuhr also fort: „Na gut, dass ich den Einkauf vergessen hatte, das war nicht so gut, aber ich bin am gleichen Abend noch losgefahren, um einzukaufen. Wir haben dann eben ein wenig später zu Abend gegessen. Ester ist aber der Meinung, dass so etwas nicht passieren darf. Sie ist da so strikt, und manchmal nervt sie mich dann noch zusätzlich mit ständigen Handy-Nachrichten, um mich zu erinnern. Da schalte ich erst recht auf Durchzug. Ich bin doch kein kleines Kind mehr, dass man bevormunden kann."

DIE SACHE MIT DER KRITIK...
UND DER BESCHWERDE

Ester und Tim haben ganz deutlich gezeigt, dass das mit der Kritik so eine Sache ist. Sie zeigt dem Partner: „DU bist nicht richtig! Ändere dich, damit ich zufrieden bin!" Wer sich aber kritisiert fühlt, findet garantiert auch etwas zum „Zurückkritisieren". Dabei ist ja gar nicht unser Partner falsch, sondern eher die Art und Weise, wie wir mit dem Partner und unserer Beziehung und den Problemen generell umgehen.

Und genau das ist wichtig zu kommunizieren – auch wenn es in Stresssituationen manchmal ein bisschen schwer fällt (lässt sich aber durchaus üben!). Also sagen Sie eher „Ich ärger mich über das, was du da gerade getan hast – oder nicht getan hast!", statt „Du vergisst ja immer alles, was wir verabredet hatten!" Schauen Sie sich also lieber alle Seiten der Beziehungsmedaille an. Es ist nämlich tatsächlich nicht so, dass immer alles nicht klappt oder immer alles fürchterlich schlecht ist! Und wir können immer wieder entscheiden, wie wir mit uns, dem Partner und der jeweiligen Situation umgehen wollen – auch wenn das manchmal anstrengend ist.

Um es also noch einmal kurz zusammenzufassen: Wenn ich jemanden kritisiere, dann vermittle ich ihm: „Du bist falsch, so will ich dich nicht!" Beschwere ich mich, dann bedeutet das: „Mich stört das, was du gerade getan oder nicht getan hast. Aber das ändert nichts an meiner Beziehung zu dir, weil du für mich genau so richtig bist, wie du bist."

Achten Sie beim nächsten Problem also einmal auf sich und Ihre Worte.

ERST MAL DEN STATUS QUO ERMITTELN!

In den Sitzungen mit Ester und Tim haben haben wir erst einmal auf ihr Zeitmanagement geschaut. Wie sah so ein Arbeitstag, wie sah der Alltag der beiden überhaupt aus? Wer hatte welche Aufgaben? Aber auch: Was klappte trotz der genannten Probleme gut? Wo unterstützten sich beide und in welchen Momenten hatten die beiden es sogar ganz besonders schön und leicht und gut miteinander? Und was benötigten beide, um ein wenig „großzügiger" miteinander sein zu können? Wie würden sie in Zukunft ihre Kommunikation verbessern können, um sich gegenseitig besser zu verstehen?

Und das war der Plan:

* Ester und Tim beschlossen, ein wenig achtsamer mit sich, aber auch mit dem Partner umzugehen und nachzufragen, wenn etwas nicht verstanden wurde.

* Ester wollte mehr in sich hineinhorchen, um herauszufinden, in welchen Situationen sie vielleicht etwas lockerer würde sein können, aber auch um herauszufinden, wo ihre Grenzen liegen. Sie musste einen Weg finden, Tim klar zu sagen, was sie von ihm braucht, damit sie sich mit ihm und in ihrer Beziehung wohl fühlen kann. Denn je klarer sie sich mitteilte, desto besser konnte Tim einschätzen, welches Risiko er einging, wenn er ihre Bedürfnisse ignorierte.

* Ester musste sich aber auch bewusst machen, dass nicht immer alles so negativ gemeint ist, wie es bei ihr bis dahin angekommen war.

* Für Tim war es wichtig anzuerkennen, dass es nicht nur um ihn und seine eigenen Werte und Befindlichkeiten geht, sondern dass sein Verhalten durchaus auch mal Spannungen auslösen kann.

* Ester und Tim suchen seither nach Lösungen ihrer Probleme, anstatt sich gegenseitig Vorwürfe zu machen.

* Sie machten auch einen Plan, wer konkret für welche Aufgaben zuständig ist.

* Tim versucht seitdem, nur noch dann zuzusagen, wenn er weiß, dass er die Aufgaben tatsächlich erledigen kann.

* Und Ester versucht seitdem, ihm gegenüber ein bisschen großzügiger zu sein, wenn er dann doch mal wieder ins alte Muster zurückfällt.

Ich halte es gerne mit dem Beziehungsexperten Chuck Spezzano: „Es lohnt sich immer, für eine Beziehung und nicht *in ihr* zu kämpfen." Und wenn es allein nicht geht, dann braucht es eben manchmal ein wenig Hilfe von außen!

Was Sie tun können

✳ Sie können Ihren Partner hin und wieder durchaus einmal loben und anerkennen, was er für Sie tut! Wir alle brauchen nämlich diese Art von Aufmerksamkeit und Achtsamkeit. Wir alle benötigen es, dass die Menschen, denen wir uns nah fühlen, uns liebevoll und wohlwollend begegnen. Nur dann sind wir auch in der Lage, Beschwerden oder Kritik anzunehmen und zu ertragen.

✳ Schreiben Sie und Ihr Partner unabhängig voneinander auf, was, trotz aller Probleme, die Ihnen gerade das Beziehungsleben so schwer machen, in Ihrer Beziehung noch gut ist. Auch wenn es gerade nur noch „ein bisschen gut" ist.

ERST MAL FRAGEN STELLEN

Legen Sie Ihre Probleme ruhig einmal für einen Moment zur Seite und treten Sie innerlich ein Stück zurück. Stellen Sie sich folgende Fragen und spüren Sie nach, was Sie fühlen und welche Gedanken Sie gerade umtreiben.

✳ Was gefällt Ihnen im Moment an Ihrem Partner?

✳ Was macht Ihr Partner noch gut / richtig?

✳ In welchen Momenten lieben Sie ihn ganz besonders?

✳ Was schätzen Sie an ihm?

* Wie verläuft Ihr Alltag?

* Können Sie sich aufeinander verlassen?

* Was darf so bleiben, wie es ist?

Setzen Sie sich dann zusammen und lesen Sie sich abwechselnd Ihre aufgeschriebenen Notizen vor. Vielleicht fällt Ihnen zu jedem Punkt auch ein Ereignis, ein Moment ein, den Sie dann noch etwas genauer beschreiben können. Zum Beispiel könnten Sie erwähnen, dass Sie beim letzten Besuch Ihrer Schwiegereltern beide zur gleichen Zeit mit den Augen gerollt haben, sich in dem Moment wieder mal sehr einig waren und nach dem Besuch herzhaft über dies oder jenes gelacht haben. Und dass Sie sich in dem Moment Ihrem Partner sehr nahe gefühlt haben und genau das – trotz aller Probleme – immer noch sehr schön finden.

* Spüren Sie nach, wie es Ihnen geht, wenn Sie Ihrem Partner das, was noch gut und schön ist, erzählen.

* Schauen Sie ihn dabei an. Wie reagiert er, wie guckt er?

* Spüren Sie aber auch nach, was Sie selbst empfinden, wenn Ihr Partner Ihnen seine Positiv-Liste vorliest.

* Erzählen Sie sich von den Gefühlen und Gedanken, die es in Ihnen ausgelöst hat, vom anderen zu erfahren, was er als schön empfindet.

* Überlegen Sie gemeinsam, wie Sie das, was noch gut ist, verstärken können.

Reden Sie aber nicht nur darüber – tun Sie es!

Ich kann mir vorstellen, dass es für Sie erst einmal ein wenig fremd ist, sich selbst diese Fragen zu stellen, aber auch zuzuhören, wenn Ihr Partner Ihnen seine Gedanken und Antworten mitteilt. Das macht nichts! Erlauben Sie sich trotzdem das – von Ihnen vielleicht benannte – „komische Gefühl" in Ihnen – wo auch immer es sich in Ihrem Körper bemerkbar macht. Überlegen Sie mal, ob das nicht auch Aufregung und Spannung sein könnte. Und wenn Sie gerade nichts spüren, ist das auch ok! Einfach weiter üben und achtsam sein!

Wichtig: In einer Partnerschaft geht es nicht darum, alle Probleme und Schwierigkeiten aus der Welt zu schaffen. Sie und Ihr Partner sind unterschiedliche Menschen mit unterschiedlichen Bedürfnissen, Wahrnehmungen, Werten und Sie müssen lernen, den anderen anzuerkennen, wie er nun einmal ist – aber auch: wie Sie nun mal sind!

Erinnern Sie sich auch immer wieder daran, dass Kompromisse nur „erfunden" wurden, um Probleme zu lösen. Auch wenn das manchmal nur eine „semigute" Lösung ist. Und das gelingt am besten, wenn sich beide genau darüber im Klaren sind.

Liebe braucht nun mal ein bisschen Veränderung und Bewegung, um nicht zu vergehen.

BESCHWEREN UND KRITISIEREN – DER UNTERSCHIED

Manchmal sind es nur Nuancen, die den Unterschied, aber auch die Reaktion des anderen ausmachen. Wenn ich mich beschwere, dann bedeutet das: »Ich liebe und akzeptiere dich, aber das, was du gerade gemacht hast, gefällt mir nicht...verletzt mich... möchte ich so nicht mehr!«

Kritisiere ich jemanden, bedeutet das: »Du bist falsch! So wie du bist...handelst...reagierst, will ich dich nicht. Ändere dich, damit ich mit dir leben kann!«

Wer kritisiert wird, versucht in der Regel reflexartig, sich zu verteidigen, weil er glaubt, sich wehren zu müssen. Und in solch einem Zustand ist man kaum in der Lage, Einsicht zu zeigen und sich zu ändern.

Eine Beschwerde fühlt sich zwar auch nicht immer gut an, aber man wird in seinem Sein nicht »angegriffen«, kann innerlich noch einmal einen Schritt zurücktreten und dann immer noch für sich entscheiden, ob man tatsächlich der passende Adressat für die Beschwerde war. Und dann kann man sich entsprechend verhalten, kann sich ggf. entschuldigen, kann sein Verhalten überprüfen und ändern.

Achten Sie also in Zukunft einmal auf sich. Beschweren Sie sich oder kritisieren Sie?

Erwartungen, Wünsche – Enttäuschungen

Wir sind alle voller Erwartungen. Immer! Vom Leben, von uns selbst – und von unserem Partner. Wenn ich meine Paare frage, was sie sich von ihrem Partner wünschen, wie sie sich eine befriedigende Beziehung vorstellen, dann höre ich immer wieder: Er muss nur liebe- und respektvoll, ehrlich und treu sein. Er soll meine Bedürfnisse erkennen, selbst wenn ich nicht klar sagen kann, was ich will, weil ich es selber gerade nicht so richtig weiß oder: weil ich gerade mal nur weiß, was ich *nicht* will!

Mein Partner soll humorvoll und kompromissbereit sein. Er soll das können, was mir selbst schwer fällt. Er soll mich auf allen Ebenen unterstützen – und überhaupt: Er soll die gleichen Interessen und am besten auch einen ähnlichen Geschmack haben wie ich, damit wir die Wohnung dann auch nach unseren gemeinsamen Wünschen einrichten können.

Er muss ahnen, wann ich Lust auf Nähe habe – und mich in Ruhe lassen, wenn ich Ruhe benötige. Er soll mir den Rücken stärken und mich aufbauen, mir den Bauch pinseln, wenn ich einen gebrauchten Tag erwischt habe und mich mein geringes Selbstwertgefühl quält.

Er soll fragen, wie es mir geht, was ich denke, fühle und wünsche. Er soll einfühlsam und verständnisvoll sein. Punktum: Da soll nichts weiter sein als Liebe, Treue, Nähe, Ehrlichkeit, Loyalität und Verständnis, Sicherheit, eine erfüllende Sexualität und die Fähigkeit, mich genau so zu nehmen und zu lieben, wie ich nun mal bin. Und zwar mit all meinen Fehlern und Macken.

Und meistens sitzt der Partner daneben, nickt und sagt: „Das möchte ich auch genau so!“

EINE BEZIEHUNG IST KEIN WUNSCHKONZERT!

Nun dürfen wir uns ja wünschen, was immer wir wollen – aber nicht jeder Wunsch geht in Erfüllung. Die Erkenntnis ist zwar nicht neu – und mag dennoch frustrierend sein. Aber allein unser gesunder Menschenverstand müsste uns sagen, dass diese hohen Erwartungen nicht zu erfüllen sind.

Und trotzdem gehen viele Menschen mit genau diesen Erwartungen in eine Beziehung. Und wundern sich, dass sie nicht sofort ein perfektes Beziehungsleben vorfinden. Doch eine Paarbeziehung ist nun mal kein Wunschkonzert, vielmehr müssen die Partner erst einmal gemeinsam herausfinden und erarbeiten, in welche Richtung die Beziehungsreise überhaupt gehen soll. Es gibt nämlich tatsächlich keine Gebrauchsanweisung für eine perfekte Partnerschaft. Und es gibt auch keinen Plan, auf dem steht, in welche Richtung man gehen muss, damit es nur harmonisch und schön und erfüllend und überhaupt ganz wunderbar wird.

In der „akuten" Verliebtheit fühlt es sich zwar so an, als wäre das möglich. Aber sind wir doch ehrlich: Sobald sich die Hormone wieder etwas beruhigt haben, müssen wir uns ein bisschen mehr anstrengen. Dann geht – gefühlt und in der Realität – eben nicht mehr alles von ganz allein.

Diese Wünsche, die in Wirklichkeit ja bewusste oder unbewusste Erwartungen sind, können die Liebe und das Leben mit dem Partner schon mal ein bisschen anstrengend und schwierig machen. Denn wenn beide so bleiben wollen, wie sie sind, wird es spätestens dann zum Stress kommen, wenn beide bemerken, dass sie doch tatsächlich nur Menschen sind – und als solche eben ganz unterschiedlich in ihrer Art und ihren Bedürfnissen.

EINE REISE MIT UMWEGEN

Beziehung kann aber – trotz Mühe und Anstrengungen – eine wunderschöne Reise ins Beziehungs-Abenteuerland werden. Und zwar dann, wenn sich beide Partner an die Hand nehmen und einfach erst einmal losgehen. Wenn sie sich in ihren Unterschiedlichkeiten er- und anerkennen und Vertrauen zueinander aufbauen. Wenn sie die Verantwortung für sich und ihr Beziehungsleben übernehmen. Wenn sie all die Möglichkeiten und Freiheiten des Lebens auf ihrem Weg erkennen und auch genießen.

Dazu gehört aber eben auch, die Umwege und Widrigkeiten anzuerkennen, nach Lösungen zu suchen und sich gegenseitig zu unterstützen, wenn man sich mal verlaufen hat. Das sind die Möglichkeiten, das sind die Freiheiten, die wir haben!

Manchen Menschen ist das aber einfach alles zu anstrengend, manche fühlen sich sogar völlig überfordert. Und manche wissen gar nicht, dass sie diese Möglichkeiten überhaupt besitzen, nämlich etwas zu tun oder zu verändern. Sie wissen nicht, dass sie die Freiheit haben, immer wieder neue Entscheidungen zu treffen. Und so jagen sie einem – in ihrer Vorstellung – perfekten, aber unrealistischen Beziehungs-Bild hinterher, anstatt ein stabiles Beziehungs-Fundament zu schaffen.

MAX UND MIA IN DER BEZIEHUNGS-SACKGASSE

Als Max und Mia zu mir in die Praxis kamen, sah ich zwei Menschen, die beide einen sehr enttäuschten und frustrierten Eindruck machten. Trotzdem setzten sie sich nebeneinander und hielten sich an den Händen. Ich bat beide, mir ihre Situation aus ihrer Sicht zu schildern, und Mia fing sofort an zu weinen und sagte:

„Als ich Max das erste Mal sah, dachte ich, es haut mich um. Ich habe nie daran geglaubt, dass es die Liebe auf den ersten

Blick tatsächlich geben würde. Aber ich habe es wirklich so erlebt."

Max nickte und sagte dann: „Mir ging es genauso. Es war unglaublich, was da zwischen uns passiert ist."

„Beneidenswert! Erzählen Sie bitte weiter. Was hat sich denn verändert, dass Sie nun beide hier so traurig vor mir sitzen?"

Mia: „Ich weiß es nicht. Ich weiß wirklich nicht, wie das passieren konnte. Wirklich – wir waren Tag und Nacht zusammen, haben geredet, nächtelang. Über alles und über jeden. Wir haben gelacht und Max ist der erste Mann, mit dem ich sogar zusammen weinen konnte. Max war mein Seelenmensch."

„War?" Ich schaute beide an.

Wissen Sie eigentlich, warum wir uns so gut und glücklich fühlen, wenn wir verliebt sind? Das liegt nicht nur daran, dass wir das Gefühl haben, gesehen und geliebt zu werden wie wir sind. Dass wir unseren Lieblingsmenschen endlich gefunden haben und dass nun alles gut ist. In dem Zustand des Verliebtseins befinden wir uns tatsächlich in einem gefühlsmäßigen Ausnahmezustand. Unsere Hormone spielen nämlich ein bisschen verrückt, schütten sich gegenseitig in hohen Dosen aus und schenken uns durch diesen besonderen Cocktail das Gefühl der Verschmelzung und Glückseligkeit. Deshalb sind wir verrückt vor Liebe, euphorisch, voller Energie – wie im Rausch. Ähnlich ergeht es übrigens Menschen, die Kokain konsumieren. Und ähnlich fühlt sich dann auch der „Entzug" an, der irgendwann einmal unweigerlich eintritt, weil die Hormone und Botenstoffe in unserem Gehirn wieder auf „normal" geschaltet werden.

Max nickte: „Ja, war. Irgendwie hat sich etwas verändert und ich begreife nicht, was es ist. Ich liebe Mia immer noch, aber manchmal nimmt mir das Zusammensein mit ihr den Atem."

„Ja, genau!", weinte Mia. „Du gibst mir das Gefühl, weg zu wollen. Ich reiche dir nicht mehr!"

Max erwiderte: „Das stimmt doch nicht. Denk doch mal, was wir alles versucht haben, damit es wieder so wird wie vorher. Aber das klappt nicht."

„Das hört sich traurig und anstrengend zugleich an. Was haben Sie denn alles versucht, damit es wieder ,besser' werden darf?"

Mia versuchte zu erklären: „Naja, wir haben geredet und geredet und weil wir dachten, dass wir es doch herausfinden müssen, was da passiert ist, haben wir noch mehr geredet."

Max unterbrach sie: „Wir haben von allem mehr gemacht. Nicht nur geredet, auch mehr Sex, mehr Unternehmungen, irgendwie mehr von allem. Ich fühle mich gerade überdosiert. Und ich fühle mich falsch."

„Überdosiert kann ich nachvollziehen, aber was meinen Sie mit falsch?"

Max präzisierte seine Sicht: „Falsch im Sinne von ,Ich bin nicht richtig genug'. Das hat Mia mir ja auch seit Wochen unter die Nase gerieben. Ich bin zu oft weg, sie ist meinetwegen traurig. Sie wirft mir vor, sie nicht mehr oder nicht mehr genug zu lieben."

Mia ging dazwischen: „Aber das stimmt doch auch. Du bist so oft unterwegs und wenn du da bist, dann bist du genervt."

Max wurde jetzt auch deutlich: „Ja, bin ich, weil du mir Vorwürfe machst und Dinge von mir verlangst, die ich dir nicht geben kann. Jedenfalls nicht in dem Maße!"

Mia reagierte verständnislos: „Aber das ging doch vorher auch! Ich fühle mich total leer. Das macht mir Angst. Ich habe den Eindruck, dass du nur auf eine gute Gelegenheit wartest, um mich zu verlassen."

Max: „So ein Quatsch. Aber mir gehen dein Genörgel und deine Unterstellungen wirklich auf den Geist. Ich weiß überhaupt nicht, wo die Mia geblieben ist, in die ich mich mal verliebt habe."

„Wie war sie denn, diese Mia, die Sie so vermissen?"

Max: „Die war irgendwie entspannter, witziger, großzügiger – überhaupt so ganz anders." Und zu Mia: „Ist diese Mia tatsächlich verschwunden?"

Mia: „Irgendwie ja. Ich bin nur noch unsicher und pessimistisch. Ich gucke tatsächlich gerade nur noch in die eine Richtung von ,schwer und schlecht und geht nicht'."

Max nickte, als würde er das Gesagte von Mia bestätigen.

„Und was wünschen Sie sich gegenseitig von dem jeweils anderen?"

Mia sagte sofort: „Es soll wieder so werden, wie es mal war!"

Da konnte ich allerdings wenig Hoffnung machen: „Das wird es vermutlich nicht. Aber das macht auch nichts. Sie sind jetzt sozusagen beim nächsten Schritt nach der akuten Verliebtheit und das ist eine wunderbare Gelegenheit, aus dem Verliebtsein Liebe und Beziehung entstehen zu lassen. Lassen Sie uns also gemeinsam ein bisschen miteinander daran arbeiten Ihr Beziehungsfundament zu bauen."

Wenn sich der Partner – gefühlt – plötzlich ändert, dann kommen oft alte Ängste wieder zum Vorschein. Verlassensängste, das Gefühl, nicht gut genug zu sein, Fehler gemacht zu haben. Und wir tun dann alles für die Bestätigung, dass dem nicht so ist. Also drängeln wir, bitten oder fordern die Aufmerksamkeit ein, die unser Selbst-

DAS FASS DES LEBENS

In meiner paar- und psychotherapeutischen Praxis benutze ich häufig diese von mir entwickelte Allegorie von einem Fass, das für unser Selbstwert- und unser Selbstbewusstsein steht. Stellen Sie sich also vor, dass in Ihnen eine Art Fass ist. In diesem Fass ist eine warme, wohltuende Flüssigkeit, die hin und her schwappt und uns ein schönes, sicheres Gefühl von geliebt zu sein, richtig zu sein, wertvoll und sich seiner selbst bewusst zu sein, hervorruft.

Nun hat unser Fass aber im Laufe unseres Lebens Löcher bekommen. Große, kleine, vielleicht auch ein paar Risse. Durch diese „Beschädigungen", die durch Verletzungen, Kränkungen, Traumata usw. entstanden sind, sickert nun laufend die für uns so wichtige Flüssigkeit. Der Pegel in unserem Fass ist nie gleichbleibend stabil und manchmal sinkt er sogar rapide ab! Und irgendwann fühlen wir dieses Defizit, dieses „Da fehlt etwas" in uns.

Nun bekommen wir immer mal wieder auch von außen etwas dieser wertvollen Flüssigkeit in unser Fass geschüttet: Liebe, Aufmerksamkeit, Lob, Erfolg, Freude usw. Und das gleicht den Pegel immer wieder mal aus. Geraten wir aber in Lebenssituationen, die viel Kraft kosten, werden die Löcher und Risse größer und es sickert immer mehr aus unserem Fass heraus und wir fühlen uns unwohl, ungeliebt, unsicher. In diesen Lebenssituationen erwarten, wünschen oder erhoffen wir oft von unserem Partner, dass er doch bitte wieder eine ordentliche „Portion" in uns hinein schütten möge, damit es uns wieder besser geht. Damit wir uns wieder genährt, sicherer, angstfreier fühlen können. Damit wir dieses Loch, diese Bedürftigkeit in uns nicht so spüren müssen. Geschieht dies aber nicht, weil wir unsere Wünsche und Bedürfnisse nicht kommunizieren (können), unser Partner unsere Not nicht erkennt und oder gerade auch mit sich selbst sehr beschäftigt ist, fühlen wir uns immer schlechter, mutloser, trauriger, vielleicht aber auch wütender und aggressiver. Was können wir also tun, wenn wir merken, dass unser „Pegel" sinkt?

Es ist wichtig, dass Sie sich bewusst sind: Wir selbst sind diejenigen, die für die Löcher und Risse in unserem Fass verantwortlich und zuständig sind! (Und denken Sie bitte daran: Verantwortung zu übernehmen hat nichts mit schuld sein zu tun. Sie haben die Risse nicht erzeugt, das hat das Leben gemacht. Aber es ist Ihre Entscheidung, wie Sie damit umgehen). Wir müssen also alle versuchen, die Löcher oder Risse selbst zu stopfen. Und ganz werden wir es vermutlich auch nie schaffen, das macht aber nichts.

Wenn wir die Risse in unserem Fass mit Selbstliebe, Verantwortung für uns und Selbstfürsorge auf allen Ebenen immer wieder ein wenig abdichten können, dann wird all die wohltuende Flüssigkeit, die wir durch unsere Selbstfürsorge selber produzieren und die, die von außen zusätzlich noch hinzu kommt, den Pegel heben. Und dann haben wir auch genug Vorräte für den Fall, dass das eine oder andere Loch mal wieder etwas größer wird. Achten Sie also gut auf sich. Achten Sie auf Ihre inneren Bedürfnisse. Fragen Sie sich, was Ihnen gerade fehlt und was Sie brauchen, damit Sie sich in Ihrem Innen und Außen wohler fühlen können.

Achten Sie aber auch darauf, was Sie vielleicht jetzt in diesem Moment als „Ersatz" von außen für die gefühlte Leere in sich tun. Manchmal versuchen wir nämlich, uns vom Schmerz abzulenken, indem wir die innere Bedürftigkeit mit äußeren Dingen befriedigen, beruhigen wollen. Durch zu viel Sport, zu viel Alkohol, zu viel Arbeit usw. Fragen Sie sich, wofür dieses „Zu viel von…" steht und versuchen Sie, die Kraft und Ihr Wohlbefinden aus sich selbst heraus zu erlangen, statt außen zu suchen. „Kitten" Sie also Ihre Löcher und Risse mit Achtsamkeit, Selbstliebe und Selbstfürsorge, anstatt darauf zu warten, dass es jemand anderes tut.

Und wenn Sie selbst nicht wirklich wissen, was Sie für sich tun können und wie Sie das hinkriegen sollen, dann lassen Sie sich dabei unterstützen.

wertgefühl so dringend benötigt. Wir merken, dass unser inneres Fass leerer und leerer wird. Dass wir immer bedürftiger werden, je weiter der Pegel sinkt. Das macht Angst. Aber anstatt zu sagen: „Ich möchte mehr Zeit mit dir verbringen, du fehlst mir!", werfen wir dem anderen vor, dass er ja nie Zeit hat. Oder wir ziehen uns schmollend zurück. Der andere wird schon wissen warum.

MAX UND MIA LASSEN SICH HELFEN

Mia und Max kamen irgendwann an den Punkt, an dem sie merkten, dass es so nicht mehr weiter gehen kann. Sie wollten zusammen bleiben, wussten nur nicht mehr, wie sie es schaffen sollten, sich wieder näher zu kommen – und holten sich deshalb Hilfe und Unterstützung von außen, also durch eine Paarberatung.

Und das war der Plan:

In einer der Sitzungen bot ich beiden eine Übung an:

* Jeder sollte sich – mit dem Blick zueinander – in eine Zimmerecke stellen.

* Beide sollten sich nun überlegen, was sie sich von ihrem Partner wünschen und es sich gegenseitig und abwechselnd mitteilen. Und zwar sollten sie versuchen, klar zu formulieren, was sie sich vom anderen wünschen – und nicht, was sie nicht wollen. Also nicht: „Ich wünsche mir, dass du nicht mehr so oft weg bist!" Sondern: „Ich wünsche mir, dass du häufiger bei mir bist, dass wir häufiger zusammen sind."

* Hatte der Partner den Wunsch verstanden und war bereit, diesen Wunsch zu erfüllen, ging er einen Schritt auf den anderen zu.

* Dann durfte er selbst einen Wunsch an den Partner richten.

＊ Konnte einer der Partner einen Wunsch nicht erfüllen, blieb er auf seinem Platz stehen. Das kann schon mal frustrierend sein. Aber wir sind ja alle erwachsen und wissen, dass nicht jeder Wunsch in Erfüllung gehen kann.

Als Mia und Max diese Übung machten, wurde ganz schnell deutlich, dass sie beide sehr gerne bereit waren, die Wünsche des anderen zu erfüllen. Deutlich wurde ihnen das in dieser Übung, weil sie nach jedem Wunsch einen Schritt aufeinander zugingen und sich irgendwann ganz nah gegenüber standen. Und dann nahmen sie sich bei der Hand und bestätigten sich gegenseitig, dass sie die Wünsche des anderen gehört und verstanden hätten und dass sie fortan daran denken wollten, diese zu erfüllen.

Und weil ich inzwischen erfahren habe, wie vergesslich Menschen sein können, habe ich Mia und Max nach dieser Übung empfohlen, die jeweiligen Wünsche des anderen aufzuschreiben. Die Wunschzettel nahmen sie mit nach Hause und hängten sie an die Kühlschranktür. Um sich zu erinnern. Sicher ist sicher!

MAX UND MIA: GLÜCK IM UNGLÜCK

Mia und Max hatten in den ersten Sitzungen herausgefunden, dass sie durch ihre hohen Erwartungen an den anderen ihre Beziehung fast zerstört hätten. Und ihre Unzufriedenheit hatte ihr gefühltes Unglück nur noch verstärkt. Am Ende des paartherapeutischen Weges, den ich mit den beiden zusammen gegangen bin, war beiden klar, dass sie – weil sie sich mit den Wünschen und Erwartungen des anderen auseinandersetzten – auch dann ein glückliches Paar sein können, wenn sie gerade mal ein bisschen unglücklich sind. Dass sie es aber auch selbst – und zwar jeder für sich – in der Hand haben, wie sie mit ihren Gefühlen, Bedürfnissen und Wünschen umgehen. Dabei hilft vor allen Dingen Klarheit für sich selbst und eine klare Kommunikation mit dem Partner.

Was Sie tun können

EINE KLEINE BEWUSSTSEINSÜBUNG

In meiner Praxis führe ich mit meinen Paaren in solchen Situationen gerne eine kleine Bewusstseinsübung durch: Denken Sie an eine der letzten anstrengenden emotionalen Situationen oder auch an ein Bedürfnis, einen nicht erfüllten Wunsch. Fragen Sie sich:

* Wie habe ich mich in diesem Moment gefühlt? Was lösen bestimmte Situationen bei mir aus? Beispiel: Als mein Partner sich von mir abgewendet hat, fühlte ich mich so hilflos und wütend zugleich.

* Welches Bedürfnis hatte ich, als dieses negative Gefühl in mir ausgelöst wurde? Was hätte mir in dem Moment geholfen? Zum Beispiel: Ich brauche Verständnis und Sicherheit.

* Was wünsche ich mir zukünftig in einer ähnlichen Situation von meinem Partner? Aber vor allen Dingen auch: Was kann ich zukünftig in einer ähnlichen Situation für mich selbst tun? Was hat mir in solchen Momenten schon mal geholfen? Wen konnte ich um Hilfe bitten? Was hilft mir dabei, meinen Pegel wieder ein wenig anzuheben?

Sie können diese Bewusstseinsübung natürlich auch Zuhause gerne einmal ausprobieren. Eine etwas leichtere Version für Zuhause könnte so aussehen:

* Überlegen Sie sich, was Sie sich von Ihrem Partner wünschen und schreiben Sie einen Wunschzettel.

* Lesen Sie sich abwechselnd gegenseitig Ihre Wünsche vor.

* Tauschen Sie danach den Wunschzettel mit Ihrem Partner und setzen ein Zeichen hinter die Wünsche, die Sie erfüllen möchten / können.

* Dann wechseln Sie noch einmal die Listen.

* Sprechen Sie miteinander darüber, wie es Ihnen gerade geht und verabreden Sie, wann Sie mit der Wunscherfüllung anfangen wollen.

* Wenn Sie in Ihrem Alltag bemerken, dass Ihr Partner an Ihren Wunsch gedacht und ihn erfüllt hat, dann dürfen Sie sich natürlich gerne dafür bei ihm bedanken.

Wichtig: Beginnen Sie nicht zu diskutieren, wenn Ihr Partner sich etwas von Ihnen wünscht, das Sie nicht nachvollziehen können oder von dem Sie der Meinung sind, dass Sie das doch schon längst getan haben. Wenn ein Wunsch erneut geäußert wird, heißt das nur, dass es ihn immer noch gibt.

Und Sie müssen auch nicht verstehen, warum der Wunsch geäußert wurde, es ist aber wichtig, den Wunsch anzuerkennen. Letztendlich können Sie entscheiden, ob Sie einen Schritt vorgehen, oder auf Ihrem Platz stehen bleiben, Ihr Zeichen auf der Wunschliste hinterlassen oder eben auch nicht. Vielleicht haben Sie aber auch eine Alternative, die Sie Ihrem Partner stattdessen anbieten möchten. Lassen Sie Ihrer Phantasie gerne Raum.

UND DANN WAR DA NOCH DIE SACHE
MIT DEN TOMATEN...

Hier noch eine kleiner Tipp zu dem Thema „Was will ich" und „Was ich nicht will"!

Wir alle sind ja Meister darin zu wissen, was wir nicht wollen. Das nützt nur wenig, wenn wir nicht wissen, was wir stattdessen wollen. Und Ihr Partner weiß es erst recht nicht!

Wann immer Sie also in der nächsten Zeit den Gedanken haben „Das will ich nicht!", dann sagen Sie zu sich selber „Stopp"! Und fragen sich sofort:

▶ **Wenn ich das jetzt nicht will, was möchte ich denn stattdessen?**

Hier eine kleine Eselsbrücke für Sie: Mal angenommen, Sie wollen ein Fest feiern und wollen dafür einkaufen gehen. Dann schreiben Sie vermutlich eine Einkaufsliste. Ich bin sicher, Sie würden nie auf die Idee kommen und auf die Liste schreiben:

▶ **Ich will keine Tomaten einkaufen!**

Sie schreiben vermutlich nur das auf, was Sie tatsächlich benötigen. Und wenn Sie nicht so der Einkäufer, sondern vielleicht mehr der Autofahrer sind – kein Problem:

▶ **Versuchen Sie mal in Ihr Navi einzugeben, dass Sie NICHT nach München fahren wollen, weil Ihr Ziel Hamburg ist!**

Wichtig: Wenn Ihr Partner Ihre Wünsche erfüllen möchte, dann nehmen Sie das, was er für Sie tut, auch an. Hinterher zu sagen: „Dass hast du ja nur getan, weil ich es mir gewünscht habe – ich möchte, dass du es von dir aus machst!" ist ziemlich kontraproduktiv.

▶ **Natürlich macht er es nur Ihretwegen!**
Wem zuliebe denn auch sonst?

Und ja, es fühlt sich vielleicht am Anfang etwas unecht an. Das macht aber doch nichts. Alles was neu ist, fühlt sich so an. Üben Sie, damit es sich immer schöner und immer echter anfühlen darf.

Worum geht's hier eigentlich?

Um es vorweg zu sagen: Streiten ist normal! Seien wir ehrlich: Sie und Ihr Partner sind – trotz vermutlich vieler Gemeinsamkeiten – so unterschiedlich in Ihrer Persönlichkeit, in Ihren Wahrnehmungen und Bedürfnissen, da bleibt es einfach nicht aus, sich gegenseitig auch mal echt blöd zu finden oder sich in bestimmten Situationen die Pest an den Hals zu wünschen.

Macht nichts! Da sind Sie nämlich keine Ausnahme. Die Frage ist nur, wie Sie miteinander streiten, wie Sie in diesen Momenten miteinander umgehen und um was es Ihnen tatsächlich geht. Wollen Sie verstanden werden oder vielleicht einfach nur recht haben? Wollen Sie Ihrem Partner mal so richtig die Meinung geigen, ihn bewusst verletzen oder sich sogar rächen? Oder haben Sie einfach nur Lust auf fürchterlich guten Versöhnungssex?

Ihre Entscheidung!

KEIN STREIT IST AUCH KEINE LÖSUNG!

Wie dem auch sei: Kein Streit ist jedenfalls auch keine Lösung! Weil alles, was aus Angst vor Stress oder einer bestimmten Reaktion des Partners geschluckt wird, im Urschleimtopf landet. Und aus dem will keiner naschen. Versuchen Sie also, nachsichtig mit sich und Ihrem Partner zu sein, denn auch wenn ich im nächsten Kapitel zum Thema Kommunikation beschreibe, dass es durchaus Sinn macht, in Ich-Botschaften zu reden, sind wir doch alle auch nur Menschen – und können das in anstrengenden Momenten schon mal vergessen und unserem Partner Dinge an den Kopf werfen, die

wir vielleicht gar nicht so gemeint haben oder die uns später leid-
tun. Zum Thema „sich entschuldigen" kommen wir später noch.

DEN DINGEN AUF DEN GRUND GEHEN

Wenn ein Streit allerdings immer wieder eskaliert, wenn die Grenzen des guten Geschmacks und des Respekts verloren gehen, wenn
die Partner sich nur noch anschreien und verletzen, weil sie genau
wissen, wo die Achillesferse des anderen liegt, dann wird es irgendwann problematisch in der Beziehung werden. Und dann macht es
wirklich Sinn, sich einmal grundsätzlich zu überlegen, um was es
da eigentlich gerade ging. Ums Gewinnen? Ums Rechthaben? Darum, es dem anderen heimzuzahlen?

JENS UND HEIKO UND IHR GANZ PERSÖNLICHER KÜCHENSTRESS

Jens und Heiko kamen in die Praxis und erzählten gleich, dass es
ihnen ein bisschen peinlich wäre, mit diesem eigentlich verrückten
Thema zu mir zu kommen. Aber sie müssten das jetzt endlich einmal klären und bräuchten dafür einen Mediator. Sie liebten sich
sehr und kämen im Prinzip auch gut miteinander zurecht. Es gäbe
da natürlich immer wieder bestimmte Momente, in denen sie sich
uneinig wären, aber wenn es darauf ankäme, dann würden sie
immer eine gute Lösung finden. Nur nicht in der Küche! Immer
wieder gäbe es dieses eine Reizthema, das schon viele Gerichte
komplett ungenießbar gemacht habe, weil da immer wieder die
eine Frage auftauche: „Werden Pilze vor dem Zubereiten gewaschen oder nicht."

> Jens erzählte, auf meine Nachfrage, wie er die Pilze zubereitet:
> „Ich wasche die Pilze immer vor dem Zubereiten. Meine Groß-
> mutter, mit der ich immer zusammen gekocht habe, als ich ein
> kleiner Junge war, hat mir das so beigebracht. Und schließlich

müssen die Teile doch auch sauber sein. Wer will denn schon Sand zwischen den Zähnen haben."

Heiko ging sofort dazwischen: „Meine Güte, du brauchst nur davon zu erzählen, da bekomme ich schon schlechte Laune. Und wenn ich an diese Labberteile denke, vergeht mir komplett der Appetit!"

Ich fragte Heiko: „Wie halten Sie es denn mit der Pilzsäuberung?"

Heiko sah mich an, als könne er nicht glauben, dass ich ihm diese Frage gestellt hätte. „Na, wie schon? Ich putze sie mit einem Küchentuch. Dann kann ich sie wunderbar scharf anbraten." Und zu Jan gewandt: „Meine Güte, mal so ein bisschen Erde hat noch keinen umgebracht. Also du hast es bisher ja überlebt!"

Ich sah von einem zum anderen: „Ich habe da mal eine für mich sehr wichtige Frage: Was machen Sie eigentlich, wenn Sie sich in anderen Situationen, die ja bei jedem Paar mal auftreten, nicht einig sind? Ich meine, Sie haben zwar beide vorhin erwähnt, dass Sie sonst ganz gut miteinander können, dass eigentlich alles ok zwischen Ihnen ist und dass Sie eigentlich nur wegen der Pilze hier sind. Was ist an den Pilzen anders als an Ihren anderen Problemen, die Sie ja gut lösen können? Oder noch einmal anders gefragt: Haben Sie eine Idee, warum Sie ausgerechnet dieses Pilzproblem brauchen? Ich meine, was wäre denn da, wenn es dieses Problem nicht gäbe?"

Jan: „Gute Frage – keine Ahnung."

Auch Heiko zuckte mit den Schultern.

„Wenn Sie jetzt keine Antwort finden, macht das überhaupt nichts. Nehmen Sie die Frage einfach mal mit nach Hause. Moment, ich habe gerade eine Idee."

Ich stand auf, holte einen Zettel und schrieb mit einem dicken Stift eine 9 auf diesen Zettel. Den hielt ich den beiden so hin, dass jeder von ihnen von seiner Seite raufschauen konnte, und fragte: „Was sehen Sie? Welche Zahl ist das?"

Heiko: „Sechs!"

Jan mit Nachdruck: „Neun!!!"

Ich drehte den Zettel um. „Und nun?"

Beide grinsten erst sich und dann mich an. Auch ich musste ein bisschen grinsen. „Wissen Sie, es gibt manchmal Situationen, da haben einfach beide recht. Sie gucken nur aus einer unterschiedlichen Richtung auf die gleiche Sache. Und was die Pilze angeht, haben Sie auch beide recht. Pilze sind nun mal tatsächlich labberig, wenn sie vor dem Braten gewaschen wurden. Und abgeputzte Pilze können wirklich auch noch Spuren von Erde enthalten. Sie haben nun mehrere Möglichkeiten aus diesem Dilemma wieder herauszukommen. Möchten Sie wissen, welche?"

Beide nickten und grinsten immer noch.

Ich lächelte beide an und sagte dann: „Ja, das dachte ich mir. Und ich mache heute bei Ihnen beiden mal eine Ausnahme. Normalerweise müssen meine Klienten die Lösung ihrer Probleme nämlich selbst erarbeiten. Aber ich habe gerade den Eindruck, dass Sie tatsächlich mit diesem Pilzproblem komplett überfordert sind. Also: Option 1: Sie verzichten ab sofort auf alle möglichen Pilzgerichte.
Option 2: Sie erkennen an, dass Sie beide ein bisschen recht, vor allen Dingen aber beide eine andere Herangehensweise beim Kochen bzw. bei der Zubereitung von Pilzgerichten haben. Freuen Sie sich also lieber darüber, dass Ihr Partner sich gerne die Mühe macht, etwas für Sie zu kochen und schlucken neben den labberigen oder sandigen Pilzen einfach auch mal

einen Kommentar runter, der Ihnen vermutlich auf der Zunge liegt. Überlegen Sie, um was es Ihnen gerade wirklich geht und ob ein labberiger oder sandiger Pilz es tatsächlich wert ist, sich den Abend zu versauen. Sie dürfen auch gerne großzügig sein und um den sandigen oder labberigen Pilz herum essen – also den Fokus eher darauf legen, was darüber hinaus noch gut schmeckt, anstatt mit Argusaugen nach dem zu suchen, über dass Sie sich beschweren können.

Oder Option 3: Kaufen Sie sich endlich einen Pilzpinsel!"

Heiko lächelte und nahm Jans Hand, schaute ihn an und sagte zu ihm: „Option 1 kommt für mich nicht in Frage. Option 2 möchte ich wirklich gerne ausprobieren und was Option 3 angeht: Lass uns nachher einkaufen gehen."

Natürlich ging es bei den beiden noch um etwas ganz anderes. Vermutlich darum, keine Fehler machen zu dürfen oder zugeben zu können, dass man tatsächlich nicht alles weiß bzw. der andere auch mal recht hat. Vielleicht aber auch um das Bedürfnis, recht haben zu wollen oder zu müssen. Vielleicht auch um das Gefühl, sich gemaßregelt zu fühlen, wenn man etwas „falsch" oder anders macht als der andere, weshalb man sich glaubt wehren zu müssen. Diese Themen wurden aber auf die nächste Sitzung verschoben.

ÜBERRASCHEN SIE SICH – UND IHREN PARTNER!

Also: Auch wenn Sie sich ärgern, dass Ihr Partner mal wieder etwas getan hat, was Ihnen komplett gegen den Strich geht, haben Sie es trotzdem in der Hand, den weiteren Verlauf der Dinge positiv zu beeinflussen. Auch wenn es sich ein bisschen fremd, weil neu anfühlt, wagen Sie einmal etwas komplett Neues, reagieren Sie einmal ganz anders als gewohnt.

Ihr Partner rechnet ja damit, dass es in bestimmten Situationen Stress gibt, weil er z.B. schon wieder, wie so oft, zu spät gekommen ist. Er ist innerlich oder gedanklich bereits in voller Erwartung eines Donnerwetters – und bereitet sich auf seine Verteidigung vor, sobald er durch die Tür kommt. Versetzen Sie ihn – aber auch sich selbst – in Erstaunen, indem Sie ihm entgegen aller Erwartung ganz entspannt entgegentreten, ihm einen Kuss geben und fragen, wie denn sein Tag so war. Sie wissen doch, dass er oder sie eigentlich immer später kommt als verabredet.

Wenn Sie kein Wort über den „eigentlichen Auslöser" verlieren, wird Ihr Partner vermutlich verdutzt sein, aber Sie werden aller Wahrscheinlichkeit nach feststellen, dass auch er sich Ihnen gegenüber anders verhalten wird als im gewohnten Verteidigungsmodus.

Derjenige, der „immer" wartet, kann z.B. auch seine Zeit für andere Dinge nutzen, anstatt ewige Warteschleifen zu drehen und sich wie gewohnt immer höher in seine Wutspirale zu drehen – bis dann die Tür aufgeht und das alte Spiel beginnt. Beschäftigen Sie sich in der Zeit vielleicht einfach mal mit Dingen, die Spaß machen oder zu denen Sie sonst nicht gekommen wären. Durchbrechen Sie also bewusst Ihre Erregungsroutine.

Versuchen Sie, entweder für sich oder auch gemeinsam, die gewohnten Mechanismen aus Ärgern, Verteidigen und gegenseitigen Vorwürfen auszuhebeln, indem Sie mal das komplette Gegenteil von dem machen, was Sie üblicherweise tun würden. Versuchen Sie sich immer wieder daran zu erinnern, dass Sie derjenige sind, der es durch seine Bewertungen und Reaktionen in der Hand hat, welchen Weg eine potentielle Streitsituation tatsächlich nimmt.

SEIEN SIE GROSSZÜGIG!

Ich weiß, das ist nicht immer einfach, aber es lohnt sich! Großzügigkeit ist eine Investition in die Beziehung, ein Vertrauensvorschuss, ein Geschenk an den Partner. Sie werden feststellen, dass Sie dadurch – auch wenn es Sie vielleicht Mut und Kraft kostet – verkrustete Beziehungsstrukturen und Stress auflösen können.

BEI INGE UND PAUL HERRSCHT UNORDNUNG

Inge und Paul hatten ihre dritte Sitzung. Eines ihrer Probleme war – aus Pauls Sicht – Inges Unordentlichkeit und ihre Fähigkeit, das Haus in kürzester Zeit in ein einziges Chaos zu verwandeln.

Inge hatte natürlich eine ganz andere Meinung dazu, fühlte sich bewertet, gemaßregelt und manchmal auch wie ein kleines Kind behandelt, das sein Kinderzimmer mal wieder nicht aufgeräumt hatte.

Fast jeden Tag gab es Diskussionen darüber, dass sie schon wieder nicht aufgeräumt hatte und Paul schon wieder über sieben Paar Schuhe gestolpert war. Und fast jedes Mal gab es miese Stimmung, Vorwürfe und Gegenvorwürfe.

Die Hausaufgabe der letzten Sitzung an Paul war gewesen: Versuchen Sie mal, etwas ganz anders zu machen als sonst. Reden Sie aber nicht darüber!

Ich wendete mich Paul zu: „Paul, ich bin sehr neugierig, bitte erzählen Sie mir doch mal von den letzten Wochen und davon, was richtig gut geklappt hat."

Paul erzählte: „Wir hatten ja in der letzten Sitzung darüber gesprochen, und Sie hatten mir empfohlen, mich selber immer mal wieder zu fragen, um was es mir tatsächlich geht, wenn ich mich über Inges Kram so aufrege und was mein eigentliches Bedürfnis ist. Das war am Anfang gar nicht so einfach, aber irgendwann wurde mir bewusst, dass es auch ein bisschen an mir lag, wie der Abend verlaufen würde. Das heißt nicht, dass ich mich innerlich nicht geärgert habe, aber ich habe eben einfach nichts mehr gesagt."

„Und wo haben Sie Ihre Aufregung gelassen?"

Paul: „Ich habe tief durchgeatmet und versucht, das, was trotzdem noch gut ist, zu sehen. Das ist aber schon schwer, wenn der Vulkan in dir anfängt zu brodeln!"

„Kann ich mir denken, Sie haben es aber trotzdem hinbekommen?"

Paul schmunzelte: „Naja, wie gesagt, einfach ist das nicht,
aber ich liebe Inge, sie ist wunderbar und macht vieles richtig
und gut. Ja klar, sie hat ihre Macken – aber wenn ich ganz ehrlich bin: Die habe ich ja auch. Und außerdem ist sie mir gegenüber auch völlig entspannt, wenn ich mal etwas gemacht oder
gesagt habe, was ihr nicht gefällt. Ich habe mich also entschieden, beim Thema Unordnung großzügiger zu sein und
nur darüber zu sprechen, wenn es etwas gibt, das mich wirklich nervt."

„Und was genau haben Sie jetzt anders gemacht?"

Paul antwortete und sah ein kleines bisschen stolz aus: „Ich
steige jetzt einfach über Inges Schuhe hinweg. Ich habe sie
aber auch schon mal selber in den Schrank gestellt, als es mir
an einem Abend doch zu viel war."

„Und wie ist es Ihnen damit ergangen?"

Paul nachdenklich: „Eigentlich gar nicht so schlecht. Ich versuche natürlich weiter zu machen und auch in anderen Situationen drauf zu achten, aber ich kann natürlich nicht garan-
tieren, dass es immer klappt."

Ich nickte verständnisvoll und sagte: „Natürlich wird es nicht
immer klappen. Das macht aber auch nichts. Schließlich sind
Sie sind ja auch nur ein Mensch und Sie üben ja noch."

Und zu Inge: „Haben Sie eigentlich bemerkt, dass Paul sich
solche Mühe gegeben hat?" Inge schüttelte den Kopf und
machte den Eindruck, als ob sie gar nicht fassen konnte, was
sie da gerade gehört hatte. Dann sagte sie: „Nein, und ich bin
gerade ganz berührt. Aber wenn ich jetzt darüber nachdenke,
stimmt es. Paul hat sich in den letzten beiden Wochen kein
einziges Mal über meine Schuhe beschwert."

Jetzt war es an der Zeit für eine zweite Hausaufgabe: „Ich freue mich darüber, dass Sie Fortschritte machen – und gebe Ihnen gleich eine neue Hausaufgabe mit, die Sie bitte beide ausführen: Tun Sie Ihrem Partner öfter Mal etwas Gutes! Und reden Sie nicht darüber! Achten Sie bitte gleichzeitig darauf, was Ihr Partner wohl für Sie getan hat."

AUSHALTEN STATT DURCHHALTEN!

Halten Sie sich und die zu Ihnen beiden dazugehörigen Macken also ruhig einmal aus. Hören Sie auf, alles und jedes zu thematisieren und zu problematisieren. Versuchen Sie, immer öfter auch mal großzügig über die Dinge, die Sie eigentlich ärgern, hinwegzusehen. Fragen Sie sich immer mal wieder, um was es Ihnen jetzt gerade geht, was Sie wütend, fassungslos macht oder was Sie kränkt. Beißen Sie sich aus Liebe zum anderen ruhig mal auf die Zunge (aber vorsichtig bitte), wenn Sie doch genau wissen, dass Ihr Partner gerade mal wieder eine seiner Macken auslebt. Unterstützen Sie ihn lieber, statt die „Mackenschaukel" noch weiter anzuschubsen.

Natürlich weiß ich, dass es durchaus auch kritische Situationen gibt, in denen das nicht oder nur unzureichend gelingt. Versuchen Sie aber in den etwas entspannteren Momenten ein wenig zu üben, bei sich zu bleiben, für sich zu sorgen und Verantwortung zu übernehmen. Ich kann es gar nicht oft genug wiederholen: Spüren Sie in sich hinein und fragen Sie sich, um was es Ihnen gerade eigentlich wirklich geht und was Ihr Bedürfnis in genau diesem Moment ist.

Handeln Sie mit Ihrem Partner Regeln aus, die Sie beide versuchen zu befolgen. Schreiben Sie sie auf, wenn Ihnen das hilft, sich zu erinnern, was Sie anders machen wollten. Und versuchen Sie immer wieder, Kompromisse zu finden, die Ihnen das Beziehungsleben ein bisschen leichter machen können.

Versuchen Sie auch immer wieder, sich in Ihren Partner hineinzuversetzen, und fragen Sie – wenn Sie etwas nicht verstanden haben – lieber zweimal nach, bevor Sie Ihre Bewertungsschublade öffnen und Ihre Vermutungen als Tatsachen ansehen und entsprechend reagieren. Gehen Sie auch mal mit gutem Beispiel voran, seien Sie offen und denken Sie daran, dass es nicht darum geht zu gewinnen oder recht zu haben. Es geht nur darum, wie Sie Ihre Liebe mit all ihren Facetten so leben können, dass es Ihnen zusammen gut geht.

STREITEN JA, ABER ZUR RICHTIGEN ZEIT UND AM RICHTIGEN ORT!

„Schatz, wir müssen mal reden!" Bei diesem Satz bekommt der eine oder andere schon mal gerne Fluchtgedanken oder rollt mit den Augen. Bitte nicht schon wieder über schwere oder anstrengende Themen reden müssen! Und dann wird natürlich doch geredet. Stundenlang, tagelang, jahrelang. Das Ergebnis: Frust, Verzweiflung, Ärger, Schuldzuweisungen. Und Zweifel an der Beziehung, weil sich ja doch nichts ändert. Aber das kann es ja auch nicht. Denn wenn Sie nur über Probleme reden und nicht nach einer Lösung suchen, dann wird alles so bleiben wie es war. Oder es wird sogar noch ein bisschen schlimmer.

SIBILLE UND MONIKA HABEN EIN PROBLEM IM WOHNZIMMER

Sibille und Monika kamen in meine Praxis, weil sie sich nur noch stritten und deswegen total verzweifelt waren.

> Aus Monika sprudelte es geradezu heraus: „Jeden Abend, wenn wir zusammen gemütlich bei einem Glas Wein im Wohnzimmer sitzen, fängt Sibille an, über Probleme zu reden!"
>
> Sibille ging sofort dazwischen und sagte: „Das stimmt überhaupt nicht. Du machst das doch genau so. Jeden Abend gibt es Streit und immer schmollst du dann und schläfst dann auf

dem Sofa statt bei uns im Bett!"

„Und dann? Was passiert dann am Morgen, wenn Sie sich wieder begegnen?"

Beide fingen an zu weinen.

Monika fing sich ein wenig und sagte: „Wenn ich Bille dann sehe, entschuldige ich mich und sie sich auch. Und dann fragen wir uns, was das denn nun schon wieder war."

„Ja", sagte Sibille, „und abends geht dann das ganze Theater von vorne los!"

Ich intervenierte: „Und was sind so Ihre Themen? Ich meine, um was geht es bei Ihren Streitereien? Und was würden Sie denn am liebsten ändern?"

Beide: „Es soll eigentlich nur aufhören!"

EINE KLEINE HAUSAUFGABE

Die beiden bekamen von mir eine Hausaufgabe. Sie sollten gemeinsam eine Liste für all ihre Probleme – egal ob groß oder klein – erstellen und dann eines ihrer vielen Probleme als „Problem des Abends" deklarieren. Und sie sollten versuchen, für dieses besondere Problem eine Lösung zu finden, anstatt nur darüber zu sprechen, dass es dieses Problem gibt. Sollten sie keine Lösung und auch keinen Kompromiss finden, wäre das für den Moment erst einmal ok. Damit müssten sie dann bis zur nächsten Sitzung eben leben.

Doch sie sollten noch etwas ganz anders machen als sonst. Sie sollten nämlich zum Reden und Lösen des Problems auf den Flur gehen – und zwar ohne Weinglas. Das Wohnzimmer wurde ab sofort zum „Wohlfühlzimmer" erkoren. Beide guckten anfangs etwas verwundert, meinten aber, dass sie das gerne einmal ausprobieren würden.

In der nächsten Sitzung erzählten mir Monika und Sibille sehr erstaunt, dass sie die ganze Woche so gut wie nicht gestritten hätten. Auf meine Frage, wie sie das denn so schnell geschafft und was sie anders als vorher gemacht hätten, sagten sie, sie hätten sich ihr wichtigstes Problem herausgesucht. Das allein war schon nicht so ganz einfach, weil sie beim Erstellen der Liste bemerkt hatten, dass es eigentlich generell um „gar nicht so wirklich wichtige Themen" ging.

Monika erzählte: „Also das mit der Liste war eine gute Idee. Und beim genaueren Hinsehen wurde uns erst einmal so richtig bewusst, dass wir es uns zum Streiten auf dem Sofa immer schön gemütlich gemacht hatten. Mit Wein und Snacks. Wie verrückt ist das denn?"

Ich zuckte mit den Schultern: „Und dann?"

Sibille: „Ja, das war komplett verrückt. Aber manchmal sieht man tatsächlich den Wald vor lauter Bäumen nicht. Wir haben Ihren Vorschlag angenommen und nun entschieden, dass unser Wohnzimmer nur noch zum ,Es schön miteinander haben' genutzt wird. Und um das nicht zu vergessen, haben wir letztes Wochenende die Möbel umgestellt."

„Und was machen Sie nun mit Ihren ganzen Problemen? Die müssen ja schließlich geklärt werden."

Monika lachte: „Naja, die sind natürlich schon noch da. Aber wenn mir oder Sibille nun etwas quer sitzt, dann sagen wir nur noch ,Flur'. Das allein sorgt bei uns schon für Heiterkeit. Wir stehen dann aber tatsächlich auf und gehen – ohne Weinglas – auf den Flur, klären die Unstimmigkeit und gehen dann wieder aufs Sofa, um anzustoßen."

WAS WIR VON SIBILLE UND MONIKA LERNEN KÖNNEN...

Nehmen Sie sich Zeit für die Klärung Ihrer Probleme. Denken Sie aber daran, dass es nicht nur einen richtigen Zeitpunkt, sondern manchmal auch einen passenden Ort braucht, an dem eine Klärung für Sie, aber auch für Ihren Partner möglich oder „richtig" ist. Das kann der Flur sein, aber auch die Küche oder irgendein anderer Raum. Hauptsache, der betreffende Raum ist nicht belegt mit Lebensgewohnheiten, die einem Streit im Weg stehen.

Sie brauchen außerdem auch eine gute Stimmung, um Ihr Problem zu lösen oder etwas Wichtiges zu besprechen. Mal eben schnell zwischen Tür und Angel und wenn die Emotionen erst einmal richtig hochgekocht sind zu reden oder zu streiten – kann man machen. Es wird aber nicht möglich sein, Ihr Problem in diesem Moment tatsächlich zu lösen.

Was Sie tun können

Es gibt ein paar simple Einsichten und Erkenntnisse, die Sie beherzigen sollten, wenn Sie Ihre „Streitlust" in angenehme und effektive Bahnen überführen wollen.

* Erkennen Sie als Erstes einfach mal an, dass Sie sich hin und wieder auch mal streiten dürfen. Viele Menschen glauben, dass das ein schlechtes Zeichen für die Beziehung sei und immer alles harmonisch verlaufen muss. Doch Streiten gehört, bis auf Ausnahmen, zu einer Beziehung dazu und bedeutet nicht das Ende der Partnerschaft.

* Zum Streiten gehört auch, dass man sich in solchen Situationen gegenseitig aushält, auch wenn man sich gerade gegenseitig nicht so wirklich toll findet!

* Natürlich können Sie sich streiten, wann immer Ihnen danach ist. Vielleicht ist ein ausgewachsener Streit inzwischen auch das routinierte Vorspiel zu einem geliebten Versöhnungsritual geworden. Wenn das für beide ok ist, nur zu…

* Wenn nicht, besprechen Sie, und zwar am besten in einem Moment, in dem Sie sich sehr nah sind, wie, wann und wo Sie zukünftig mit Ihren Problemen grundsätzlich umgehen wollen.

* Haben Sie keine Sorge, „ein Fass oder die Büchse der Pandora" zu öffnen. Im Moment der Nähe sind Sie einander zugewandter und offener als sonst. Und Sie sind besser

in der Lage zuzuhören, haben auch mehr Verständnis
füreinander. Trauen Sie sich!

Darüber sollten Sie sich im Vorfeld verständigen:

* Welche Ihnen bekannten Reizwörter und Trigger sollten
  besser nicht benutzt werden. Wenn das geklärt ist, dann
  sollten Sie die auch definitiv nicht in den Mund nehmen.

* Überlegen Sie, ob ein Codewort für bestimmte Themen
  hilfreich sein könnte. Bei Monika und Sibille wurde das Wort
  „Flur" zum Codewort. Beide wussten, wenn dieses Wort fiel,
  was zu tun ist. Sie können ein Codewort immer einsetzen,
  wenn Sie Absprachen getroffen haben und beide wissen,
  worum es geht. Ein Codewort ist eine Hilfe, keine Maßrege-
  lung! Es soll denjenigen, der es zu hören bekommt, daran
  erinnern, dass er sich gerade nicht an die Abmachung
  gehalten hat, ohne großartig Worte darüber zu verlieren.
  Benutzen Sie Ihre Codewörter aber nicht inflationär.
  Wäre ja schon schade und ein bisschen komisch, wenn
  Sie dann irgendwann nur noch im „Sonne-, Mond-, Sterne-,
  Eieruhr-Modus" miteinander kommunizieren würden.

* Besprechen Sie, ob es Sinn macht, eine bestimmte Zeit für
  das Gespräch zu verabreden. Manchmal gibt es Momente,
  da hat man den Kopf nicht frei oder benötigt noch ein wenig
  Zeit, um sich über die Dinge klarer zu werden. Oder aber
  auch, um die Emotionen ein wenig sacken zu lassen, bevor
  man in ein Gespräch geht. Da macht es Sinn zu sagen, dass
  man noch einen Augenblick, eine Stunde, einen Tag benötigt.
  Verabreden Sie also einen Termin zum Klären des Problems.
  Den müssen Sie aber auch einhalten – auch wenn sich die
  Situation entspannt hat und es zwischen Ihnen gerade
  wieder sehr schön ist.

* Stellen Sie sich die Uhr! Wenn Sie wissen, dass Sie oder Ihr Partner gerne mal vom Hölzchen aufs Stöckchen kommen, macht es Sinn, sich die Uhr zu stellen, um die Zeit ein wenig einzugrenzen.

* Sagen Sie, um was es Ihnen geht. Möchten Sie etwas klären oder benötigen Sie einen Rat, eine Meinung?

* Oder möchten Sie, dass Ihr Partner einfach nur zuhört, ohne etwas sagen oder tun zu müssen?

* Lassen Sie sich gegenseitig ausreden! Fragen Sie nach, wenn Sie etwas nicht verstanden haben.

Wichtig: Bedenken Sie, dass Sie nicht alles verstehen müssen und manchmal auch nicht alles nachvollziehen können. Aber Sie sollten anerkennen, dass Ihr Partner einen Grund hat, ein bestimmtes Thema zu benennen. Auch wenn es nicht Ihr Thema ist oder Sie den Eindruck haben, dass Sie doch schon so oft über diese „ollen Kamellen" geredet haben.

Wenn ein Thema immer wieder auf den Tisch kommt, dann wurde es noch nicht endgültig geklärt. Fragen Sie in diesem Fall Ihren Partner, was er braucht, um das Thema abschließen zu können.

WENN DIE DUNKLEN MÄCHTE NACH UNS GREIFEN

Ist unser Partner bei einem Streit oder einer Meinungsverschiedenheit emotional für uns nicht mehr erreichbar, reagieren wir oft mit starken Gefühlen wie Frust, Wut, Schmerz – vor allen Dingen aber mit Angst. Wenn ich meine Klienten frage: „Was sagt deine Angst in diesen Momenten?", dann bekomme ich fast immer die Antwort: „Sie sagt, dass ich mich nicht richtig fühle, dass ich nicht gesehen werde, nicht liebenswert bin. Ich habe Angst, verlassen zu werden, nicht gut genug, nicht mehr wichtig für den Partner zu sein."

In diesen gefühlt schweren Momenten beschweren wir uns oder kritisieren unseren Partner. Wir wollen, dass er sich ändert, anders auf uns reagiert, damit es uns wieder besser geht, damit wir uns wieder „richtig" und sicher fühlen. Wir erwarten, dass er einsieht, dass wir im Recht sind. Und so lassen wir nicht vom ihm ab, bis er endlich auf uns reagiert. Und selbst wenn er dann sauer ist, uns anschreit – alles ist besser, als gar nicht gesehen zu werden.

Für manche Menschen ist dieses Verhalten die einzige Möglichkeit, Kontakt zu ihrem Partner zu finden. Und der wiederum fühlt sich häufig bedrängt und überfordert. Die meisten versuchen, in diesen Momenten der Beschuldigung und Kritik ruhig zu bleiben, sich zu erklären oder zu rechtfertigen. Doch irgendwann ist auch für sie der Druck zu groß, so dass sie innerlich kapitulieren und sich immer mehr zurückziehen – oder eben sauer werden und beginnen rumzuschreien.

Wie anstrengend für beide Partner. Denn sie können ja nicht aus ihrer Haut. Und während der eine immer mehr drängelt, weil er das Gefühl hat, am ausgestreckten Arm zu verhungern, verbarrikadiert sich der andere immer mehr hinter seiner Mauer, weil er zu sehr unter Druck steht. Beide tun das, um sich und die Beziehung zu schützen, und erreichen leider nur das Gegenteil. Beide fühlen sich in ihrem Sein missverstanden, in ihrem Bedürfnis nicht gesehen und werden immer ärgerlicher auf den anderen. In dem Kapitel „Der Tanz zwischen Nähe und Distanz" (s. S. 110) gehe ich noch genauer darauf ein.

Der Kampf gegen die Dämonen der Vergangenheit

Wir alle „kämpfen" bewusst oder unbewusst mit unseren Ur-ängsten. Das macht uns dünnhäutig und wir reagieren automatisch auf alle möglichen Signale der gefühlten Abwertung oder des Verlassenwerdens. Wir alle kennen diese Gefühle, denn wir alle wurden schon einmal in unserem Leben verlassen, wir alle wurden schon einmal abgelehnt oder persönlich angegriffen, ausgeschlossen, verletzt.

Und immer wieder werden wir in allen Lebenssituationen – ob in der Familie, im Beruf oder im Freundeskreis – mit Ereignissen konfrontiert, die uns aus dem Gleichgewicht bringen. So haben wir eine Art Seismograph in uns entwickelt, um die Signale des Schmerzes, der Trauer und der Angst zu spüren. Und wenn jemand – vor allem unser Partner oder jemand anderes, der uns nahe steht – genau diese wunden Punkte in uns berührt, wenn zum Beispiel ein gedankenlos kommuniziertes Wort in uns schmerzhafte Erinnerungen, Traurigkeit, Wut oder Ohnmacht auslöst – was bleibt uns dann anderes übrig? Dann müssen wir uns doch „wehren"!

Und im Bruchteil einer Sekunde richtet sich alles Negative auf unser Gegenüber und wir geben ihm die Schuld für das, was gerade in uns ausgelöst wurde: Für den Schmerz und die Angst und die Wut. „Wenn du dieses oder jenes nicht gerade gesagt oder getan hättest – dann müsste ich mich jetzt nicht so fühlen!"

Wir fühlen uns gekränkt, in unserem Selbstwert bedroht und hilflos. Es ist uns nicht bewusst, dass wir in dem Moment die Verletzungen und Schmerzen unserer Vergangenheit spüren, an die wir uns oft nicht mehr erinnern können. Das sind alte Schmerzen aus der Kindheit, die uns durch die Familie, im Kindergarten oder in der

Schule zugefügt wurden. Es sind alte Verletzungen, aber auch Demütigungen, Trauer, Wut, die wir nicht kommunizieren durften, weil die Erwachsenen uns den Mund verboten hatten. Es sind alte Ängste und Gefühle der Ohnmacht und Verzweiflung. Es sind auch alte, noch nicht verheilte Wunden aus früheren Beziehungen. Es ist aber auch oft die Sehnsucht nach Liebe und Anerkennung. Die Sehnsucht, so geliebt zu werden und genau so richtig zu sein, wie wir nun einmal sind.

Und dadurch geraten wir immer mal wieder in die Situation, etwas zu vermischen: alte und oft unbewusste Emotionen und die aktuelle Situation. Und statt den Schmerz, die Wut, die Angst demjenigen, der uns doch eigentlich so nah ist, mitzuteilen, statt sich in seinen so schmerzhaften Emotionen dem anderen zuzumuten, also uns auch in unserem Gefühl der Schwäche zu zeigen, »schützen« wir uns, indem wir wütend werden oder uns zurückziehen.

Leider befreien uns diese extremen Gefühlsausbrüche nicht von unseren Ängsten, unserer Ohnmacht und dem Gefühl, gedemütigt worden zu sein. Wut und das Prinzip »Du hast mich verletzt! Und was du kannst, kann ich schon lange!« helfen auch nicht bei der Heilung der so schmerzhaften, immer noch »blutenden« Wunden. Im Gegenteil. Verbale Schroffheit und Lieblosigkeit erzeugen nur neue Verletzungen, die dann in einem Teufelskreislauf der Rachegelüste enden.

Es ist wirklich schwer, sich den eigenen negativen Emotionen zu stellen. Wir wollen das, was so weh tut, nicht fühlen. Und leider vergessen wir auch in den Momenten, in denen wir uns ungeliebt, verlassen, kritisiert und ausgeschlossen fühlen, dass es da auch immer noch eine andere Seite gibt, dass wir nämlich – trotz allem – auch geliebt, geschätzt, gemocht werden. Und zwar tatsächlich so, wie wir sind! Wir kommen aber manchmal mit unseren Gefühlen nicht in Kontakt. Wir kennen unsere wahren Bedürfnisse im Moment der Hilflosigkeit nicht. Das bedeutet, dass wir oft nur Wut spüren, aber nicht genau nachspüren mögen, was der Grund der Wut eigentlich ist. Wir verdrängen lieber, indem wir uns ablenken und Schuld zuweisen, anstatt zu prüfen, was brauche ich in genau diesem Moment wirklich.

Wir wissen nur, dass wir diesen Schmerz nicht mehr spüren wollen. Wir wollen nicht, dass jemand so mit uns umgeht! Und wenn wir selber nicht wissen, was wir tun können oder wirklich brauchen — wie soll unser Partner es uns in dem Moment recht machen können?

Regisseur der inneren Gefühlsbühne

Zum Glück können wir aber lernen, anders mit uns und diesen schweren Situationen umzugehen. Dazu müssen wir aber innerlich ein Stück zurücktreten, um mit Abstand auf die Situation zu schauen.

Was ist hier gerade passiert? Um was geht es mir in diesem Moment? In welchen Situationen überrumpeln mich diese heftigen Gefühle? In welchen Situationen verwandeln sich meine Mücken immer wieder in Elefanten?

Wichtig ist es aber, anzuerkennen, dass die von uns so ungeliebten negativen Emotionen ebenso zu uns gehören wie die positiven, die guten Gefühle, die wir natürlich viel lieber haben. Und auch wenn wir es noch so sehr wünschen, wir sind nicht nur toll, wir können auch das komplette Gegenteil sein!

Der Psychologe Friedemann Schulz von Thun beschreibt diese unterschiedlichen Gefühlsanteile, die zu jedem Menschen gehören, mit einem Bild einer inneren Bühne: Wir sind die Regisseure unseres Ensembles. Und wir entscheiden — meistens —, wer auf die Bühne darf. Natürlich lassen wir am liebsten die Gefühlsanteile in die Öffentlichkeit, von denen wir wissen, dass sie Applaus bekommen, dass sie geliebt werden, sympathisch rüberkommen. Gerne zeigen wir den Charmanten, den Eloquenten, den Großzügigen, den Witzigen in uns. Die anderen „Darsteller", also die von uns negativ bewerteten wie Wut, Trauer, Angst,

Eifersucht, Neid usw., die sperren wir tunlichst in den Keller und schließen den sorgfältig ab. Die wollen wir nicht. Die passen nicht in unser Bühnenbild, in unser Bild von uns. Es fühlt sich einfach nicht gut an, wenn die da sind. Die stören. Darüber hinaus sind wir alle so geprägt, dass wir, selbst wenn sich ein Gefühl der Wut einstellt und es sich eigentlich auch richtig anfühlt, von unseren inneren Glaubenssätzen in die Schranken gewiesen werden. Also ab in den Keller damit!

Unser inneres »Keller-Ensemble« ist da aber ganz anderer Meinung: Sie sind – und das zu Recht – der Meinung, dazu zu gehören und sind empört über dieses Ausschließen, dieses Nicht-gesehen-werden.

Und so nutzen sie jede Möglichkeit, aus diesem Kellerverlies zu entkommen, um sich bemerkbar zu machen, sich zu zeigen. Und wenn wir unachtsam sind – und das sind wir immer mal wieder –, dann kommt der eine oder andere garantiert auf die Bühne gesprungen und versaut uns da oben und vor Publikum unser Stück. Das sind dann genau die Momente, in denen wir emotional geradezu überschwappen vor Wut, Aggressivität, Empörung, Trauer, aber auch Scham und Selbstzweifel. Das sind die Momente, in denen wir uns überrollt fühlen. In denen wir uns wundern, dass uns immer wieder das gleiche passiert, dass wir immer wieder in unsere eigenen Fallen tappen. Und was tun wir, damit es nicht wieder passiert? Wir besorgen ein noch dickeres Kellerschloss.

Wenn wir aber anerkennen, dass es uns nur als Ganzes gibt und die einen Gefühlszustände nicht ohne die anderen, dass es zum Menschsein dazu gehört, unterschiedliche Emotionen zu haben, dass alle Gefühle ihre Daseinsberechtigung haben und dass sie nicht dazu da sind, um uns zu schaden, sondern uns eher auf eine positive Absicht hinweisen wollen, dann werden wir lernen, uns sicherer mit und in uns fühlen.

Sie fragen jetzt sicher: Wie kann ein Gefühl, wie zum Beispiel Wut, eine positive Absicht haben? Wer will denn so etwas spüren? Das ist doch manchmal so schlimm, dass man das kaum aushalten kann. Und dann noch die Reaktion der anderen. Da ist es doch nur logisch, etwas dagegen zu tun!

Ja, kann ich nachvollziehen. Probieren Sie es aber trotzdem einmal aus, wenn Sie das nächste Mal spüren, dass Sie so richtig wütend werden. Halten Sie kurz inne und überlegen Sie, in welcher Situation Sie gerade sind und was gerade wirklich Ihr Bedürfnis ist. Was brauchen Sie jetzt, damit es Ihnen gutgeht? Vielleicht fühlen Sie sich gerade überfordert, ausgenutzt, kaputt, müde – dann ist es die »positive Absicht« Ihrer Wut, Sie darauf aufmerksam zu machen: nämlich innezuhalten und zu schauen, was Ihnen jetzt gerade gut täte. Vielleicht einfach nur Ruhe? Oder Unterstützung? Vielleicht eine Umarmung und Verständnis? Vielleicht aber auch einfach nur ein Keks.

Wenn wir anerkennen, dass wir die Verantwortung für uns und unser Leben haben, dann haben wir auch den Mut, uns dem anderen mit unseren Gefühlen, aber auch unseren Bedürfnissen mitzuteilen. Und dann können wir auch erfahren, dass ein Streit zwar als kurzfristiges Beziehungstief erlebt wird, es aber durchaus möglich ist, damit umzugehen, ohne sich oder die Beziehung in Frage stellen zu müssen.

Lernen Sie also Ihre eigenen Schmerzpunkte, Gefühle, Bedürfnisse kennen, um sich selber besser zu verstehen und liebevoller mit sich umzugehen, aber auch, um mit dem Partner in Kontakt zu kommen. Lassen Sie sich unterstützen (zum Beispiel durch einen Therapeuten), neue Strategien für sich allein oder für Sie als Paar zu entwickeln (zum Beispiel in einer Paartherapie). Und achten Sie doch bitte zukünftig auch ein bisschen mehr auf Ihre »Kellerkinder«.

Sie entscheiden!
Seien Sie sich im Klaren darüber, dass es unendliche viele Trigger gibt, die die unterschiedlichsten Reaktionen und Gefühle in Ihnen

auslösen können. Und seien Sie sich im Klaren darüber, dass Sie die Entscheidung treffen können, wie Sie mit den unterschiedlichen Gefühlen umgehen möchten. Ich weiß, das ist leichter gesagt als getan. Und trotzdem: Ihre Verantwortlichkeit für sich selbst gibt Ihnen einen wunderbaren Handlungsspielraum, um sich der eigenen Möglichkeiten bewusst zu werden und etwas zu verändern.

Kurz gesagt: Wir bestimmen, was uns kränkt, verletzt, wütend macht. Und was uns kränkt, entsteht aus unseren subjektiven Erlebnissen und Erfahrungen. Beobachten Sie sich einmal. Sie werden feststellen, dass Sie manchmal in bestimmten Situationen an die Decke gehen, während Sie manchmal in ähnlichen Situationen völlig entspannt reagieren. Sie haben es also in der Hand, wie Sie mit sich umgehen und wie viel »Macht« Sie Ihren negativen Gefühlen zugestehen.

Bedenken Sie aber bitte: Wenn Sie entscheiden, wie Sie mit belastbaren Situationen umgehen, dann geht es nicht um richtig oder falsch und schon gar nicht um Schuld oder nicht Schuld. Es geht darum, anzuerkennen, dass Sie immer wieder neue Entscheidungen für sich und Ihr Leben treffen dürfen.

Erkennen Sie aber auch an, dass auch Ihr Partner nur ein Mensch mit seinen eigenen Päckchen ist und dass es ihm in manchen Situationen vermutlich ähnlich wie Ihnen geht. Besprechen Sie gemeinsam, wie Sie zukünftig in solchen anstrengenden Situationen miteinander umgehen möchten. Was kann Ihnen helfen? Wie können Sie sich gegenseitig unterstützen? Hier ein paar Möglichkeiten: Reden Sie miteinander! Helfen Sie sich gegenseitig und schenken Sie sich Vertrauen. Trauen Sie sich also, sich Ihre wunden Punkte zu zeigen oder zu benennen, damit sie gesehen und anerkannt werden, um heilen zu dürfen. Achten Sie aber auf Ihre eigenen Grenzen und scheuen Sie sich nicht, sich Hilfe und Unterstützung von außen zu holen.

Die erste gemeinsame Wohnung

Es fühlt sich eigentlich gut an: Man liebt sich, man möchte nicht mehr voneinander weichen. Und was liegt da näher als der Gedanke, gemeinsam unter einem Dach zu leben? In einem Haus. In einer Wohnung. Doch Vorsicht! Nichts ist so einfach, wie es scheint. Wenn Paare sich entscheiden, zusammen zu ziehen, dann birgt das durchaus erhebliches Konfliktpotential.

Der Klassiker: Jeder beharrt auf seinen Geschmack und möchte unbedingt seine Lieblingsstücke mitnehmen. Das Ende vom Lied ist in der Regel ein Stilmix besonderer Güte.

Von besonderer Güte sind dann oft aber auch die jeweiligen Befindlichkeiten. Beim Zusammenziehen geht es ja nicht nur um das Aussortieren bzw. Verteilen von Möbeln, sondern auch um eigene Werte, Erinnerungen, die eigene Lebensgeschichte. Vor allem aber geht es auch ums eigene Revier.

Es ist also wichtig, dass Paare, die zusammen leben möchten, wissen, dass es – auch in der gemeinsamen Wohnung – um „Ich und Du", aber eben auch um das „Wir" geht. Und über dieses „Wir" muss, am besten schon vor dem Zusammenziehen, gesprochen werden. Wer hat welche Bedürfnisse, welchen Geschmack und welche Vorstellungen von dem, wie er sich ein Zuhause wünscht? Wie sieht es mit den Finanzen aus? Wer zahlt was?

JAN UND SIMONE – COOL ODER GEMÜTLICH?

Weil sie sich über die Inneneinrichtung ihrer neuen Wohnung nicht einig werden konnten, kamen Simone und Jan zu mir in die Praxis.

Jan begann zu erzählen: „Simone und ich wollen zusammenziehen und wir haben eine wunderbare Wohnung gefunden, die uns beiden gut gefällt."

„Wie schön, wie lange sind Sie schon ein Paar?"

Beide antworteten zeitgleich: „Gestern genau ein Jahr!"

„Na, das klappt ja schon mal prima, das Synchronsprechen. Woran hapert's denn dann gerade?"

Jan lachte und sagte dann: „Ja, das bekommen wir wirklich gut hin. Und so viel anderes auch."

Simone nickte zustimmend.

„Aber?"

Jan: „Was das Finanzielle angeht, haben wir besprochen, dass ich die Wohnung bezahle, und Simone übernimmt die Kosten für die Einrichtung. So langsam gibt es aber Stress, weil wir uns nicht einigen können, wie wir uns einrichten."

„Das heißt, dass Sie die Wohnung gekauft haben?"

Jan: „Noch nicht. Ich habe geerbt und da passte es gerade ganz gut mit dem Kauf der Wohnung. Ich hätte dann nur noch einen geringen Betrag abzuzahlen. Und die Nebenkosten natürlich. Und da haben wir besprochen, dass Simone keine Miete zahlen muss, dafür aber für die Innenausstattung sorgt."

„Und nun haben Sie festgestellt, dass Sie beide einen komplett unterschiedlichen Geschmack haben?"

Jan: „Ja. Ich mag es ganz klar und pur und Simone gerne ein wenig verspielt. Sie will alles irgendwie so gemütlich einrichten und argumentiert nun mit ihrem Geld."

Simone ging dazwischen: „Ja, natürlich! Ich bezahle die Möbel, Gardinen, Lampen usw. ja schließlich auch! Und außerdem kanntest du doch meinen Geschmack!"

Jan: „Ja, du meinen aber auch! Aber genau so ist es! Simone bezahlt, also bestimmt sie auch, was gekauft wird. Jeder Möbelhausbesuch wird zur Qual. Und so langsam geht sie mir mit ihrem Gemecker ziemlich auf den Keks. Schließlich wollen wir uns ja beide in der Wohnung wohl fühlen. Außerdem, wenn man es genau nimmt, ist es ja meine Wohnung, die ich bezahlt habe."

„Tja, das scheint ja wirklich schwierig zu sein. Haben Sie schon überlegt, lieber doch getrennt wohnen zu bleiben?"

Beide wieder unisono: „Auf gar keinen Fall!"

Simone: „Ich war so glücklich, als wir diese schöne Wohnung gefunden haben und habe mich innerlich schon so darauf gefreut, sie nach meinen Vorstellungen einzurichten. Jan hat meinen Vorschlag, die Kosten dafür zu übernehmen, auch gerne angenommen. Allerdings fängt er nun an, rumzumäkeln und hat gegen alles, was ich kaufen möchte, etwas einzuwenden. Ihm gefällt so gut wie nichts von dem, was ich aussuche. Das frustriert mich. Ich brauche es ein bisschen gemütlich, so mit Kerzen, Kissen, Bildern und Blumenvasen. Ich kann nicht, wie Jan, in einem sterilen Warteraum leben. Und ich habe keine Ahnung, wie wir das hinkriegen sollen."

„Was haben Sie denn bisher schon so unternommen, um es vielleicht doch hinzukriegen?"

Jan: „Naja, geredet. Und dann gestritten."

Simone seufzte: „Ja, weil Jan wirklich jeden Vorschlag von mir ablehnt. Gerade ist es so, dass ich nur ‚Möbel' sagen muss und er geht in die Luft."

„Und was klappt sonst so nicht zwischen Ihnen?"

Beide guckten mich erstaunt an. Und dann sagte Simone: „Na, sonst ist doch alles gut. Wir lieben uns. Deshalb wollen wir doch auch zusammenziehen."

Jan nickte.

„Haben Sie denn eine Vermutung, warum Sie ausgerechnet dieses Problem nicht gelöst kriegen? Um was geht es Ihnen denn tatsächlich?"

Jan: „Ich glaube, wir sind beide sehr dickköpfig. Hauptsächlich, wenn es ums Geld geht."

„Und was ist genau das Problem, mit dem Geld? Wer mehr hat, hat die Macht? Ist der Bestimmer? Wer hat denn mehr?"

Simone: „Ich glaube nicht, dass es tatsächlich ums Geld geht. Wir haben ja ungefähr das gleiche Einkommen. Gut, Jan hat jetzt geerbt, aber ich bringe mein Gespartes ja nun auch ein und dann kommen wir schon klar."

„Und was ist Ihrer Meinung nach das Problem?"

Simone guckte Jan ein wenig verschmitzt an und sagte dann: „Ich glaube, dass ich manchmal ein Problem damit habe, Kompromisse einzugehen. Ich bin manchmal der Typ ‚ganz oder gar nicht'.

Jan nahm Simones Hand und lächelte sie an.

„Ich vermute auch, dass Sie beide Ihr Möbelproblem tatsächlich nur hinkriegen, wenn Sie Ihre besondere Art der Kommunikation und Kompromisslosigkeit aufgeben und ein Stück aufeinander zu gehen. Sie beharren nämlich immer noch ein bisschen auf Ihrem Standpunkt und sind nicht wirklich bereit, eine Lösung zu finden, mit der Sie beide leben können."

Und zu Simone gewandt: „Aber Sie sind ja heute schon mal einen kleinen Schritt in Richtung Lösung gegangen! Ich denke, es macht Sinn, dass Sie noch einmal darüber sprechen, wie die Inneneinrichtung tatsächlich aussehen soll, welche Bedürfnisse und Geschmäcker Sie beide haben und was jedem von Ihnen wichtig ist, um sich in den eigenen vier Wänden wohlzufühlen."

JAN UND SIMONES „HAUSAUFGABE"

Die beiden sollten sich vor dem Wohnungskauf noch einmal zusammensetzen und jeder für sich noch einmal aufschreiben, wie er sich die Einrichtung, in der er sich wohlfühlen würde, vorstellt.

Ebenso sollten sie ihre Wünsche und Vorstellungen besprechen, aber auch Kompromissvorschläge machen.

Für den Fall, dass sie tatsächlich auf keinen gemeinsamen Nenner gekommen wären, schlug ich vor, darüber nachzudenken, ob nicht jeder ein Zimmer nach seinen eigenen Vorstellungen einrichten und man in den gemeinsam genutzten Räumen einen Kompromiss finden könnte.

KOMPROMISSE DER GELASSENHEIT

Darüber hinaus machte ich beide noch einmal darauf aufmerksam, dass manche Kämpfe völlig sinnlos gekämpft werden, weil sie weder von der einen noch von der anderen Seite gewonnen werden können. Man kann versuchen, seinen Partner von der eigenen ästhetischen Vorstellung zu überzeugen. Aber je weiter man auseinanderliegt, desto schwerer wird es und vor allem, desto länger wird es dauern, bis man sich nähert.

Wie so oft im Leben sollte man nicht mit dem Kopf durch die Wand wollen, nicht auf Totschlagargumente wie „Mein Geld! Also auch mein Geschmack!" setzen. Die Lösung kann nur in Kompromissen liegen. Man sollte vor der Entscheidung, ob man zusammen ziehen will, also auch seine eigene Kompromissfähigkeit prüfen.

Bedenken Sie: Wenn Sie sich entscheiden, mit Ihrem Partner zusammenzuziehen, dann müssen Sie tatsächlich damit rechnen, dass er dann dort auch wohnt. Und auch, wenn es an Ihrem ästhetischen Empfinden kratzt, wenn Ihr Partner ein Poster von seinem Lieblingssportverein oder den selbstgeklöppelten Trockenblumenstrauß unbedingt behalten muss, dann versuchen Sie großzügig zu sein. Üben Sie sich in Gelassenheit!

Denken Sie in solchen Momenten immer daran: Der wohnt hier! Der darf das!

Ein paar Monate später bekam ich übrigens eine Mail von Simone und Jan. Sie hatten es tatsächlich geschafft, sich zu einigen, und eine gute Lösung gefunden. Sie leben nun in ihrer neuen Wohnung „voller gemütlicher Klarheit".

Ich verstehe, was du sagst, aber nicht, was du meinst!

Wir alle kennen das: ein Wort, ein Blick, eine Geste – und schon sind wir auf hundertachtzig. Wir fühlen uns genervt, verletzt, traurig, empört, wütend. So werden wir in bestimmten Situationen von Emotionen geradezu überrumpelt. Und das passiert auch, obwohl wir ganz genau wissen, welchen Zündstoff bestimmte Worte oder besonders sensible Themen für uns haben, und dass sie uns immer wieder „auf die Zinne bringen". Und dann geben wir gerne dem Auslöser dieser Gefühle – also dem Partner – die Schuld. „Hättest du das jetzt nicht gesagt, getan, angedeutet, dann würde ich mich auch nicht so fühlen! Du bist schuld, du bist dafür verantwortlich! Also mach du es jetzt auch wieder weg, damit es mir wieder besser geht!"

Im Prinzip ein logischer Gedanke. Es verhält sich aber ein bisschen anders. Denn das, was wir fühlen, „gehört" uns ganz allein und niemand ist tatsächlich „schuld" daran, wenn wir uns schlecht fühlen. Allerdings werden von außen – und meistens von den Menschen, die uns am nächsten sind – Emotionen getriggert, die dann in einem Bruchteil von Sekunden ein altes Gefühl an eine schmerzhafte Erfahrung in uns auslösen.

Und weil wir uns in dem Moment nicht erinnern, woher wir diesen Gefühlszustand kennen, erscheint es uns doch logisch, dass die gerade jetzt erlebte Situation der tatsächliche Auslöser dafür war. Wir versetzen uns also – meistens unbewusst – einfach nur in einen alten Gefühlszustand. Jeder Mensch hat solche „Triggerthemen", die ihn sein Leben lang verfolgen können. Und auf diese Themen reagieren wir sehr emotional. Die Kombination – verletzendes

Thema plus das Gefühl, verletzt worden zu sein – verstärkt den Trigger und löst in uns übermäßig impulsive und emotionale Handlungen aus. Und so gleiten wir immer wieder in sehr unschöne Situationen.

Manchmal sieht es von außen so aus, als würden die betreffenden Paare unterschiedliche Sprachen sprechen. Sie reden und reden – und verstehen sich trotzdem nicht. Wenn wir aber miteinander kommunizieren, gibt es immer einen Sender und einen Empfänger. Und wenn wir uns gegenseitig nicht erreichen, weil wir auf unterschiedlichen Ebenen unterwegs sind, kann es schon mal ordentlich knallen.

DAS „GRÜNE" IN DER SUPPE (sehr frei erzählt nach Friedemann Schulz von Thun)

Hans und Bea sitzen am Tisch. Bea füllt die Teller mit Suppe. Sie wünscht ihrem Mann einen guten Appetit und beginnt zu essen.

Hans schaut auf den Teller, löffelt in der Suppe herum, kräuselt seine Stirn und sagt in der ihm typischen Art zu Bea: „Da schwimmt was Grünes in der Suppe!"

Bea lässt genervt ihren Löffel fallen und sagt: „Das glaube ich ja jetzt nicht. Weißt du was? Du kannst dir in Zukunft dein Essen mal schön selber kochen. Oder besser noch: Geh doch zu deiner Mutter zum Essen, die kann ja sowieso viel besser kochen, die kann ja generell alles besser!"

Hans: „Sag mal, geht's noch? Was flippst du denn hier jetzt so aus? Ich habe eine normale Frage gestellt. Gib mir doch einfach eine normale Antwort!"

Bea: „Normale Frage? Merkst du eigentlich noch was? Hörst du dir selber auch mal zu, in welchem Ton du mit mir redest? Du bist nur noch am Kritisieren, an allem hast du was rumzumäkeln! Dir kann ich doch schon lange nichts mehr recht machen!"

Hans gerät so langsam aus der Fassung: „Wer meckert denn hier nur noch rum? Das bist du doch…"

Bea unterbricht ihn: „Ich fahre deinetwegen nach der Arbeit extra noch zum Markt, weil du nur Biogemüse isst, stehe in der Küche und schnippel stundenlang das Gemüse – und dir fällt nichts Besseres ein, als nur rumzumäkeln!"

Hans: „Ich habe nicht gemäkelt. Ich habe nur eine Frage gestellt, verdammt nochmal!"

Bea schreit inzwischen: „Hör auf mit ‚verdammt nochmal', rede nicht so mit mir…!"

Hans schmeißt den Löffel neben seinen Teller, steht auf und verlässt den Raum. Und Nullkommanix ist beiden der Appetit und die Laune komplett vergangen.

Tja, was ist denn hier gerade passiert? Hans hat – auf einer eher sachlichen Ebene – einfach nur gesagt: „Da schwimmt etwas Grünes in der Suppe." Hätte Bea ihn auch auf dieser sachlichen Ebene empfangen, hätte sie vermutlich einfach gesagt: „Schatz, das ist Porree!" – und die Sache wäre erledigt gewesen.

Sie hat ihn aber auf der emotionalen Ebene empfangen. In einem Bruchteil von Sekunden springt Beas Erinnerungs-Bewertungssystem an – und die entsprechenden dazugehörigen Emotionen ploppen an die Oberfläche.

Beas Gefühl auf die Frage von Hans bzw. auf die Art, wie er die Frage gestellt hat, ist Wut, Empörung, Trotz, Enttäuschung, Ärger, Abwehr – also: keine Anerkennung, Überforderung, nicht gut genug sein, Erinnerungen an alte, ähnliche Erlebnisse. Und der Gedanke: „Ich reiß mir hier den Allerwertesten auf, damit ich ihm seine Suppe kochen kann, aber nichts wird einem hier gedankt, alles ist selbstverständlich. Ich bin ja wohl nie genug! Bin ich eigentlich seine Mutter? Das will ich so nicht mehr! Das lasse ich mir nicht mehr bieten!"

Ihre Reaktion: Sie pampt Hans an, macht ihm Vorwürfe und gibt ihm die Verantwortung für ihre negativen Gefühle.

Und Hans? Der fühlt sich unverstanden, angegriffen, ist verletzt und genervt und weiß überhaupt nicht, wie ihm gerade geschieht. Vermutlich läuft auch sein inneres Bewertungssystem an, denn er hat schließlich auch seine eigenen Päckchen und Trigger.

Seine Reaktion auf Bea: Er pampt zurück, rechtfertigt sich und startet zum Gegenangriff.

WIE MAN SEINE SUPPE RICHTIG AUSLÖFFELT

Wäre es Bea möglich, achtsamer im Umgang mit sich selbst zu sein und wäre ihr bewusst, was in dieser oder ähnlichen Situationen tatsächlich in ihr vorgeht, hätte sie ihren Mann vielleicht einfach gefragt: „Hans, wie hast du das gerade gemeint?"

Und Hans hätte vielleicht gesagt: „Ich komme gerade nicht auf den Namen, wie heißt das grüne Gemüse hier in der Suppe nochmal?"

„Porree!"

Und wäre Hans ebenfalls ein bisschen achtsamer, hätte er natürlich auch gleich die erste Frage anders gestellt: „Schatz, wie heißt noch mal dieses grüne Gemüse, das in dieser super leckeren Suppe schwimmt?"

„Porree!"

So einfach kann es manchmal sein! Wenn Sender und Empfänger ein wenig achtsamer, ein wenig sensibler im Umgang miteinander sind und sorgsam die bekannten Kommunikationsfallen umgehen, dann muss einem das Grüne in der Suppe den Appetit wirklich nicht verderben.

DER TON MACHT DIE MUSIK

Es ist schon erstaunlich, wie oft Paare, die zu mir kommen, sagen, dass sie nicht miteinander reden können. Dass sie sich missverstehen, aneinander vorbeireden oder sich gegenseitig unterbrechen und nicht zuhören können.

Wenn Sie Ihrem Partner etwas Wichtiges mitteilen, wenn Sie ein Problem lösen möchten, dann achten Sie bitte auf Ihre Worte! Überlegen Sie: Wie teilen Sie normalerweise mit, was Sie stört oder was Ihnen wichtig ist? Welchen Ton schlagen Sie da an? Welche Worte benutzen Sie in Ihrem Alltag? Welche Worte nutzen Sie, wenn es Ihnen gut geht und Sie entspannt sind – und welche Worte benutzen Sie, wenn Sie gestresst, genervt oder unter Druck sind? Wie sprechen Sie mit anderen Menschen – Ihrem Chef zum Beispiel – wenn Sie genervt sind?

MARA UND DENNIS TREFFEN NICHT DEN RICHTIGEN TON

Mara und Dennis hatten offenbar ein Kommunikationsproblem. Und bereits bei unserem ersten Treffen wurde schnell deutlich, wie „eingespielt" die beiden darin waren, ihre Konflikte mit der falschen Wortwahl Knall auf Fall aufzuheizen. Sie standen sich permanent selbst im Weg. Bei dem Versuch, sich irgendwie zu verständigen oder mitzuteilen, was ihnen auf der Seele lag, stolperten sie ständig über ihre ganz persönlichen Reizworte und vor allem über den als provozierend empfundenen Ton in den Krisenmodus.

> Mara beschwerte sich in der ersten Sitzung direkt und ohne Umschweife über Dennis. Dabei saß sie neben ihm und schaute ihn direkt an: „Ich werde verrückt, wenn ich sehe, dass du immer schlecht gelaunt nach Hause kommst und erst einmal nichts sagst. Du ignorierst mich oder sprichst nur das Nötigste. Wenn ich dich dann frage, was los ist, bist du genervt und machst mich blöd an und willst deine Ruhe. Wenn dann aber

dein Telefon klingelt, dann ist es, als würde ein Schalter um- gelegt. Dann bist du plötzlich freundlich. Und sobald der Hörer aufgelegt wird, gehst du wieder in diesen anderen Modus zu- rück."

Dennis hatte Mühe, seine Frau ausreden zu lassen. Und dann brach es geradezu aus ihm heraus: „Ich bin schlecht gelaunt? Hast du mal gesehen, wie du guckst, wenn ich zur Tür rein- komme? Ich habe meine Jacke kaum ausgezogen, da über- fällst du mich mit deinem Alltagskram. Ich habe dir schon hundert Mal gesagt, dass ich erst einmal Luft holen muss. Und was das Telefonat angeht – das war mein Chef. Du machst das doch genauso. Erst pampst du mich an und wenn dann die Nachbarin vor der Tür steht, da säuselst du auch nur noch rum. Außerdem stimmt es nicht, was du sagst. Du bildest dir nur ein, dass ich immer schlechte Laune habe."

Mara wurde jetzt lauter: „Unterstellst du mir jetzt Wahrneh- mungsstörungen?"

An diesem Punkt unterbrach ich die beiden: „Ist das hier gerade die ‚normale Kommunikation' zwischen Ihnen?" Beide nickten.

„Danke, dass Sie mir das jetzt einmal so deutlich dargestellt haben. Wie würde Ihr Streit nun weitergehen, wenn Sie jetzt nicht hier wären?"

Mara: „Naja, irgendwann würde einer von uns aus dem Zimmer gehen und schmollen."

„Und dann?"

Dennis: „Naja, meistens bin ich derjenige, der dann wieder angekrochen kommt. Mara kann sich sowieso nie entschul- digen."

Ich unterbrach erneut und fragte die beiden: „Schaffen Sie es denn manchmal auch anders miteinander zu sprechen? Ich meine, gibt es Ausnahmen, auch wenn Sie genervt vom anderen sind? Und wenn ja, was machen Sie dann anders?

Beide: „Nein, nie! Es ist immer so."

„Tatsächlich nie? Ok, ich habe einen Vorschlag. Lassen Sie uns ein bisschen über Kommunikation sprechen und lassen Sie uns zusammen herausfinden, welche Worte Sie nutzen können, damit Sie sich zukünftig gegenseitig besser erreichen und verstehen können. Ich hab da einige Tipps für Sie, die Sie gerne einmal ausprobieren können."

In dieser ersten und weiteren Sitzungen gingen wir das Kommunikationsproblem der beiden an. Ich konnte ihnen tatsächlich eine ganze Palette von Tipps anbieten (s. S. 86). Und nach und nach klappte es immer besser mit der Kommunikation zwischen den beiden.

HARALD, SABINE UND MEIN MOPS

Harald und Sabine, ein älteres Ehepaar, beide pensioniert, hätten eigentlich ihren Lebensabend ganz wunderbar genießen können.

Im Prinzip kamen sie auch gut miteinander klar. Nur: Wenn es mal krachte, dann richtig – und vor allen Dingen laut.

Sabine hatte die Erfahrung gemacht, dass Harald sie nur „erhört", wenn sie ihn anschreit: „Manchmal habe ich das Gefühl, er wartet nur darauf, dass meine Stimme eine bestimmte Tonlage hat, damit er reagiert. Leise und normal reden heißt für ihn: Ich habe noch ein bisschen Zeit zum Reagieren."

Harald widersprach: „Du erhebst nicht deine Stimme, du keifst! Und dann sehe ich deine Mutter vor mir, die ein ähnliches Organ hat. Aber wenn ich das sage, dann bringt dich das ja noch mehr auf die Palme und du wirst noch lauter!"

Ich intervenierte: „Nun, wer wird schon gerne mit der eigenen Mutter verglichen. Und dann?"

Harald: „Naja, irgendwann, wenn es mir dann doch zu viel oder zu laut wird, dann brülle ich auch!"

„Und nützt das was? Ich meine, wird Ihre Frau durch Ihr Brüllen dann leiser?"

Harald schaute etwas verwirrt und sagte dann: „Sie fängt an zu weinen."

„Und dann?"

Harald: „Das macht mich ehrlich gesagt wütend."

„Sie sind wütend, wenn Ihre Frau weint?"

Harald erklärte das so: „Ja, weil mich das unsicher macht. Ich weiß dann nicht, was ich tun soll. Mit ihrer Brüllerei kann ich umgehen, mit ihren Tränen nicht. Das ist wie ein Totschlagargument, gegen das ich nicht ankomme."

Als Sabine hörte, was Harald da erzählte, fing sie wieder an zu weinen und sagte: „Er macht sich das so einfach. Er hört mir nicht zu und tut alles ab, als würde ich spinnen und als würde ihn das alles nichts angehen."

Auch in diesem Moment wurde ihre Stimme immer lauter und lauter – und Harald schaute mich an, als hätte er sagen wollen: Sehen Sie?

So saßen sich beide gegenüber, gefühlt ganz weit voneinander entfernt – und mussten schreien, weil sie glaubten, sich sonst nicht zu hören. Was für ein Dilemma!

Manchmal kommt mir in solchen Momenten mein vierbeiniger Kollege Harley zu Hilfe. Harley ist mein Mops. Er lag auch in dieser Sitzung – wie immer – entspannt zu meinen Füßen. Harley ist sehr feinfühlig und es passiert in den Sitzungen immer wieder mal, dass er plötzlich den Platz wechselt und sich dem Klienten, der es – vermutlich aus Mopssicht – gerade etwas schwer hat, vor die Füße legt.

In der Sitzung mit Sabine und Harald reagierte er aber ganz anders als gewohnt: Je lauter es wurde, je empörter Sabine sich Luft verschaffte, desto aufmerksamer wurde Harley. Irgendwann stand er von seinem Platz auf, reckte sich ein bisschen, gähnte und setzte sich direkt vor Sabine, die immer noch in der ihr eigenen Lautstärke erzählte, schaute – und fing auf Mopsart an, sie leise anzugrunzen.

Sabine hielt etwas verwirrt inne, lächelte dann aber und sagte zu meinem Mops, aber auch zu ihrem Mann: „Ich bin wieder zu laut geworden, nicht wahr?"

Harald nickte zustimmend. Beide schauten sich an – und Sabine sprach in einem ruhigeren Ton weiter. Harley legte sich wieder ab. Im Laufe der Sitzung kam es immer wieder dazu, dass Sabine und Harald laut wurden. Und jedes Mal stand Harley auf und machte, auf seine ganz besondere Art, auf sich – aber vor allen Dingen Sabine und Harald aufeinander – aufmerksam.

Sabine und Harald wurde durch Harley auf Mopsart gezeigt, wie sie im Streit tatsächlich miteinander umgehen. Dass sie sich immer weiter voneinander entfernten, je lauter sie wurden.

Die Stimmung zwischen den beiden veränderte sich merklich. Beide spürten plötzlich, dass sie wieder in Kontakt zueinander kamen – und das sogar in Zimmerlautstärke.

> „Harald, Sabine: Kann es sein, dass Harleys Einmischen etwas verändert hat? Sie sprechen beide ganz anders und vor allen Dingen viel ruhiger und viel leiser miteinander. Wie fühlt sich das an?"

> Sabine gab etwas erleichtert Antwort: „Ich hatte eben das erste Mal seit langer Zeit wieder das Gefühl, dass Harald mir wirklich zuhört. Er hat mich sogar angeguckt, als ich mit ihm gesprochen habe. Das ist auch neu."

Und Harald bestätigte: „Ja, ich kann dir einfach besser zuhören, wenn du mich nicht anschreist. Wenn du so wie eben mit mir sprichst, dann fühle ich mich nicht angegriffen und habe auch nicht das Bedürfnis, abhauen zu wollen."

„Ich habe eine Frage an Sie beide: Haben Sie eine Idee, was Sie in Zukunft anders machen möchten, wenn Sie miteinander sprechen und ein Problem lösen wollen?

Gemeinsam überlegten wir, was die beiden ab sofort anders machen könnten, wenn es mal anstrengend oder laut würde.

Und das war der Plan:

* Sie wollten versuchen, sich gegenseitig zuzuhören, ohne sich zu unterbrechen.

* Sie wollten versuchen, sich gegenseitig in ihrer Unterschiedlichkeit zu akzeptieren.

* Wenn Sabine doch wieder in einen, wie beide es nannten: „Schreimodus" geraten sollte, wollten sie versuchen, die Situation mit einem extra dafür ausgesuchten Codewort zu entspannen. Sie waren sich sofort einig, dass ihr Codewort „Mops" sein sollte.

* Außerdem wollten sie sich mehr Zeit füreinander nehmen. Für Gespräche, aber auch für die schönen Dinge, die sie so lange vernachlässigt hatten.

Sabine und Harald haben versucht, sich an ihren Plan zu halten. Das hat nicht immer sofort geklappt, aber sie bleiben am Ball und freuen sich über kleine Fortschritte. Wann immer sie unterwegs einen Mops treffen, erinnern sie sich an diese Begegnung mit Harley und können inzwischen herzhaft darüber lachen.

EINE HINDU-GESCHICHTE

Ein Meister fragt seine Schüler: „Warum schreien sich die Menschen an, wenn sie wütend sind?"

Ein Schüler antwortet: „Weil wir unsere innere Ruhe verlieren, wenn wir wütend sind."

Der Meister fragt: „Aber warum schreien wir, wenn die Person doch direkt vor uns steht? Können wir dann nicht angemessen laut sprechen?"

Die Schüler geben weitere Antworten, aber der Meister bleibt unzufrieden.

Dann sagt er: „Wenn zwei Menschen wütend aufeinander sind, entfernen sich ihre Herzen. Sie schreien dann, um diese Entfernung zu überbrücken, um gehört zu werden. Je wütender, desto entfernter, desto lauter.
Verliebte Menschen sprechen leise und sanft miteinander, weil ihre Herzen nah sind. Keine Entfernung, die überbrückt werden müsste.
Und wenn sie noch inniger sind, dann brauchen sie nicht einmal mehr flüstern. Sie sehen sich in die Augen und verstehen alles."

Was Sie tun können

Im Folgenden erhalten Sie eine Menge Kommunikationstipps, die hilfreich sein werden, um Ihre Paar-Kommunikation auf neue Beine zu stellen. Sie werden sehen: Es ist gar nicht so schwer. Eine gelungene Kommunikation folgt nämlich relativ einfachen Regeln.

▶ **Eiern Sie nicht rum!**

Kommunizieren Sie klar, was Sie wollen oder sich wünschen. Übernehmen Sie die Verantwortung für Ihre Worte, indem Sie Ich-Botschaften verwenden. „Eiern" Sie nicht mit Formulierungen herum, nur weil Sie befürchten, dass es Stress geben könnte. Nur so versteht Ihr Partner, was Sie wirklich meinen.

▶ **Vermeiden Sie „Du-Sätze"!**

„Du-Sätze" beinhalten oft Angriffe und führen nur zu Gegenattacken. Wenn Sie Ihrem Partner vorwerfen, dass er schon wieder dieses oder jenes nicht getan hat, wird er garantiert auch etwas finden, was er Ihnen vorwerfen kann.

Sagen Sie z.B. nicht: „Du bist schon wieder zu spät, nie kann ich mich auf dich verlassen!" Sagen Sie besser: „Ich ärgere mich darüber, dass du unpünktlich bist, jetzt verpasse ich nämlich meinen Termin!"

Sagen Sie nicht: „Nie hast du Zeit für mich, aber für andere bist du immer da!" Sagen Sie besser: „Ich wünsche mir, dass wir mehr Zeit miteinander verbringen!"

▶ Vermeiden Sie Verallgemeinerungen, Verletzungen und Schuldzuweisungen!

Wenn Sie Begriffe wie „nie" oder „immer" verwenden, wird Ihrem Partner sofort ein passendes Gegenargument einfallen wie: „Ich komme IMMER zu spät? Ich bin NIE für dich da, wenn du mich brauchst? Was war denn gestern? Habe ich dir die Kinder nicht pünktlich abgenommen, weil du einen Termin hattest? Und überhaupt – du bist doch derjenige, der hier immer am meckern und nie zufrieden ist…!" Davon abgesehen stimmt es vermutlich auch nicht, dass Ihr Partner etwas tatsächlich „immer" oder „nie" macht.

▶ Nicht in die Vergangenheit ausschweifen!

Bleiben Sie beim aktuellen Thema! Ihr Partner kann dann viel besser nachvollziehen, was Sie meinen und was Ihnen wichtig ist. Ein „Rundumschlag", mit dem Sie auch jede Menge andere Themen, womöglich „olle Kamellen", glauben ansprechen zu dürfen, weil Sie ja gerade mal dabei sind, wird zu nichts führen. Sie rühren damit nur den „Urschleim" wieder auf, wärmen die alten Probleme wieder auf – und entfachen neuen Streit. Die Lösung des aktuellen Problems wird dadurch nur erschwert. Sie werden also hauptsächlich über Ihre Probleme reden und streiten, sie aber nicht lösen.

Bedenken Sie aber auch: Wenn es Themen gibt, die immer wieder hochkommen, die immer noch weh tun, dann müssen diese alten Probleme irgendwann noch einmal angesprochen und geklärt werden. Wären sie nämlich erledigt, würden sie sich nicht mehr bemerkbar machen. Vermeiden Sie Sätze wie: „Das ist doch nun schon ewig her, immer fängst du wieder mit dem alten Kram an, Nun muss doch langsam mal Schluss sein!"

Und berücksichtigen Sie bitte, dass Sie auch in diesem Fall völlig unterschiedliche Wahrnehmungen, Erinnerungen und Gefühle haben. Gestehen Sie Ihrem Partner also zu, dass er eventuell noch Klärungsbedarf hat. Unterstützen Sie ihn, indem Sie das anerkennen, auch wenn Sie selbst es nicht nachvollziehen können. Versuchen Sie also auch alte Probleme aus dem „Urschleimtopf" zu

ÜBER DIE „KLARHEIT" DES WORTES

Sprache dient der Verständigung. Und in der Regel glauben wir alle, dass wir dieser Sprache mächtig sind und uns damit also auch unmissverständlich mitteilen können.

Tja, und das ist oft leider ein großes Missverständnis. Denn was wir sagen und was bei unserem Gegenüber ankommt, das können schon mal komplett unterschiedliche Dinge sein. In meiner Praxis zählt diese Form der Fehlkommunikation zu einem der Klassiker der Paarprobleme.

Ich werde Ihnen von zwei typischen Beispielen aus meiner Praxis erzählen:

Karin, Paul und die Mülltüten

Karin sagt zu Paul, dass der Müll doch mal wieder runtergebracht werden müsste. Paul guckt den vollen Mülleimer an, nickt, steigt drüber weg und geht zur Arbeit.

Karin fällt aus allen Wolken, fühlt sich nicht gesehen, nicht ernst genommen und fragt sich, ob sie gerade Chinesisch gesprochen hat. Aber mit Paul war es ja eigentlich immer so, der macht was er will, denkt nicht mit – und von alleine tut der gar nichts. Obwohl er doch weiß, was zu tun ist und was vor allem *ihr* wichtig ist.

Darauf angesprochen, gibt Paul freimütig zu, dass Karin recht hatte. Der Mülleimer war tatsächlich voll und musste dringend mal wieder geleert werden. Allerdings: Karin hatte ja nicht gesagt, dass er den Müll runter bringen sollte. Im Gegenteil, er fühlt sich sogar angegriffen, weil Karin ihn schon wieder angemacht hat. Schließlich macht er im Haushalt ja doch auch eine Menge, aber das sieht sie ja nicht und überhaupt...

Eva, Kurt und der Geburtstagswunsch

Eva und Kurt gehen bummeln und bleiben vor einem Schaufenster stehen. Karin sagt zu Kurt: „Was für ein schöner Schal!" – meint aber: „So einen schönen Schal wünsche ich mir zum Geburtstag."

Kurt sagt: „Ja, finde ich auch, sehr hübsch!" Dann gehen beide weiter bummeln.

Kurt schenkt Eva zum Geburtstag dann einen Satz Weingläser. Eva ist enttäuscht. Sie hatte doch Kurt klipp und klar gesagt, dass sie sich diesen Schal wünscht! Das hatte er doch wohl verstehen müssen.

Kurt aber hatte nur verstanden, dass Eva den Schal schön fand. Von einem Wunsch war aber doch wohl nicht die Rede, oder?

Auf den Punkt gebracht!

Formulieren Sie klar und deutlich und ohne Umschweife, was Sie brauchen, wollen oder sich wünschen! Sagen Sie: „Der Mülleimer ist voll, nimm du ihn bitte mit, wenn du gleich runtergehst!"

Oder: „Dieser Schal, der ist hübsch, den wünsche ich mir zum Geburtstag!"

Wichtig: Denken Sie daran, dass Ihr Partner natürlich eine ganz andere Meinung, einen anderen Geschmack oder eine andere Einstellung haben kann und darf. Finden Sie, bei Bedarf, zusammen eine Lösung. Wichtig ist aber auch hier: Reden Sie Klartext! Und: Vergessen Sie nicht, die Dinge auch mal mit Humor zu nehmen. Fragen Sie sich zwischendurch immer mal wieder: Um was geht es mir hier gerade wirklich?!

lösen. Das ist vermutlich etwas anstrengend, aber die Mühe lohnt sich! Denken Sie daran: Alte Verletzungen müssen anerkannt werden, um heilen zu können.

▶ Achten Sie auch auf sich selbst!

Wenn Sie mit Ihrem Partner sprechen, spüren Sie in sich Widerstände, unschöne Gefühle? Triggert ein gesagtes Wort etwas in Ihnen an? Überlegen Sie, warum Sie das Gesagte nicht hören wollen. Kennen Sie Ihre Reizwörter? Was ist das, was Sie kränkt? Kommunizieren Sie das ganz klar.

▶ Anschauen, zuhören, nicht wegducken!

Wenn Sie miteinander sprechen, schauen Sie sich an und signalisieren Sie durch Nicken oder andere Signale, dass Sie aufmerksam zuhören. Zeigen Sie auch durch Nachfragen, dass es Sie interessiert, was Ihr Partner Ihnen sagen möchte. Fragen Sie nach, wenn Sie etwas nicht verstanden haben.

Das gilt vor allen Dingen auch, wenn die Situation schwierig und emotional aufgeladen ist: Hören Sie Ihrem Partner genau zu, anstatt schon zu überlegen, was Sie gleich erwidern wollen. Wenn Sie nämlich mit Ihren Gedanken ganz woanders sind, gehen Ihnen garantiert wichtige Informationen flöten.

Und auch wenn es sich komisch und ungewohnt anfühlt, fassen Sie das Gehörte gerne nochmal mit Ihren eigenen Worten zusammen. Sagen Sie, was Sie verstanden haben. So hat Ihr Partner die Möglichkeit, eventuelle Missverständnisse sofort zu klären.

▶ Lassen Sie Ihren Partner so antworten, wie er will!

Erwarten Sie nicht, dass er so antwortet, wie Sie es in dem Moment für „richtig" erachten. Wenn Sie mit den Äußerungen Ihres Partners nicht einverstanden sind, sagen Sie, wie es Ihnen damit geht. Aber sagen Sie nicht, dass er alles völlig falsch sieht. Sagen Sie besser: „Ich sehe das ganz anders und ich bin erstaunt, wie das bei dir ankommt, wie du das siehst."

▶ Bleiben Sie authentisch!

Bedenken Sie, dass wir mit unserer Körpersprache (Mimik, Gestik, Geräusche wie Seufzen, tief Luftholen etc.) auch ohne Worte viel sagen können. Und bedenken Sie, dass auch Schweigen oder ein Abwenden eine Form der Kommunikation ist.

Schon als Kinder sind wir Meister in nonverbaler Kommunikation und können in den Gesichtern unserer Eltern die Stimmung ablesen und entsprechend reagieren, damit alles schön und harmonisch wird – oder auch nicht! Und das funktioniert auch bei Erwachsenen noch ganz gut, aber manchmal bewerten wir die Mimik und Gestik unseres Partners im „Kindmodus", was dann oft zu Missverständnissen führen kann. Berücksichtigen Sie, dass nicht jedes Arm-vor-der-Brust-Verschränken bedeuten muss, dass Ihr Partner „dicht macht". Vielleicht ist ihm einfach nur kalt oder es ist bequemer, so zu sitzen. In diesem Fall macht es aber Sinn nachzufragen: „Du verschränkst deine Arme, hat das gerade eine besondere Bedeutung?"

▶ Wie man in den Wald hineinruft...

Gehen Sie mit gutem Beispiel voran. Leben Sie Ihrem Partner vor, wie Sie wünschen, behandelt zu werden, wie Sie wünschen, dass man mit Ihnen spricht. Das geht am besten, wenn man selbst auch Respekt zeigt und sein Gegenüber nicht unfair attackiert.

▶ Verzichten Sie auf Schuldzuweisungen!

Bedenken Sie, dass Sie an jeder problematischen Situation immer auch einen eigenen Anteil haben. Was da gerade passiert, passiert zwischen Ihnen und Ihrem Partner! Sie sind ja dabei. Versuchen Sie also gemeinsam Lösungen zu finden anstatt in Schuldzuweisungen zu verharren.

▶ Erkennen Sie an, wenn Ihr Gegenüber recht hat!

Haben Sie keine Sorge, den „Kürzeren" zu ziehen, wenn Sie auch mal zugeben, dass Ihr Partner etwas Wichtiges oder sogar Richtiges gesagt hat. Erkennen Sie an, dass Sie tatsächlich nicht alles wissen können!

Ziehen Sie sich aber auch nicht jeden Schuh an, den Ihr Partner Ihnen vor die Füße wirft. Wie Sie selbst, hat auch Ihr Partner manchmal schlechte Laune oder sich über etwas geärgert, was mit Ihnen überhaupt nichts zu tun hat. Wenn Sie unsicher sind, fragen Sie also lieber nach, was gerade los ist, anstatt ebenfalls einen Schuh zu schmeißen.

▶ Glauben Sie Ihrem Partner!

Wenn Ihr Partner sagt, dass alles ok ist, dann glauben Sie ihm das bitte auch. Auch wenn Sie meinen zu wissen, dass das gar nicht sein kann. Aber Ihr Partner ist erwachsen und für sich selber verantwortlich. Sie müssen und können seine Befindlichkeiten nicht beseitigen. Und wenn doch etwas ist, dann ist es die Aufgabe Ihres Partners, das mit Ihnen zu klären. Gehen Sie also entweder großzügig über eine solche Situation hinweg. Oder klären Sie ein etwaiges Problem, das mit Ihnen zu tun hat, mit Ihrem Partner gemeinsam. Bitte denken Sie aber an den richtigen Zeitpunkt für ein klärendes Gespräch.

▶ Lassen Sie wichtige Themen nicht unter den Tisch fallen!

Probleme werden nicht gelöst, indem man sie ignoriert oder bagatellisiert.

▶ Akzeptieren Sie eine andere Perspektive auf die Dinge!

Attestieren Sie Ihrem Gegenüber nicht gleich Wahrnehmungsstörungen, wenn Sie anderer Meinung sind. Bedenken Sie, dass jeder die Dinge nur aus seiner Sicht und Wahrnehmung heraus sehen kann. Fragen Sie sich selber immer mal wieder, um was es Ihnen jetzt gerade wirklich geht!

KLEINE LÜGEN SCHADEN NICHT?

Wenn man fragt, was in einer Beziehung am wichtigsten ist, wird man als Antwort in der Regel Folgendes hören: Liebe, Treue, Vertrauen und Ehrlichkeit.

Gerade Ehrlichkeit ist für viele eine Grundvoraussetzung und natürlich auch eine Grundlage für eine gute Beziehung. Aber wo fängt denn Ehrlichkeit an und wo hört sie auf? Haben wir nicht alle schon einmal gelogen, Notlügen benutzt, weil wir Angst vor Konsequenzen hatten oder um den anderen nicht zu kränken?

Zu viel Ehrlichkeit kann der Beziehung auch schaden, denn es gibt durchaus Dinge, die man für sich behalten oder lieber erst einmal mit sich selber ausmachen sollte. Achten Sie also genau auf die Unterschiede, denn Lüge ist nicht gleich Lüge! Wenn Sie also Ihrem Partner sagen, dass Sie so überrascht und glücklich über die Überraschungsparty sind, obwohl Sie schon lange wussten, was auf Sie zukommt, hat das eine andere Qualität, als wenn Sie Ihrem Partner sagen, dass Sie mit einem Kumpel unterwegs waren, und in Wirklichkeit einen netten Nachmittag mit Ihrer Kollegin hatten.

Denken Sie daran: Wir müssen uns auf das Wort unseres Partners verlassen können, wenn es um Elementares, Wichtiges geht. Auch wenn es unschöne Konsequenzen nach sich ziehen könnte.

▶ **Drehen Sie sich nicht nur um sich selbst!**
Vermeiden Sie es, hauptsächlich die eigenen Interessen in den Vordergrund zu stellen, Wünsche, Anregungen und Bedürfnisse Ihres Partners aber zu ignorieren oder sogar als unwichtig oder „nicht wahr" abzuwerten.

▶ Nicht nachtragen, nicht Schuld zuweisen, nicht aneinander vorbeihoffen!

Versuchen Sie, nicht nachtragend zu sein. Versuchen Sie lieber zur Versöhnung etwas beizutragen. Und denken Sie an den „Urschleimtopf"!

Schieben Sie dem Partner nicht die Schuld in die Schuhe (Wenn Du nicht…, dann würde / müsste ich nicht…").

Und hören Sie auf, aneinander vorbeizuhoffen, weil Sie nicht miteinander reden. Sie und Ihr Partner können nun mal keine Gedanken lesen! Trauen Sie sich, Ihre Wünsche und Bedürfnisse zu benennen.

Wichtig: Denken Sie daran, dass die Liebe grundsätzlich nicht bewertet, sondern den anderen in seinem Sein anerkennt. Es geht auch nicht um richtig oder falsch, nicht um Schuld oder nicht Schuld, nicht ums Rechthaben oder ums Gewinnen. In der Liebe geht es um Verständnis, Anerkennung und Vertrauen.

Wenn sich die Achtsamkeit verflüchtigt

Irgendwann im Laufe einer Beziehung lassen das Verrücktsein auf-einander und die Leidenschaft ein wenig nach. Wir lernen einan-der immer besser kennen, werden uns immer vertrauter. Und irgendwann schleicht sich dann das Gefühl ein, dass es manchmal tatsächlich auch ein bisschen langweilig geworden ist. Es gibt – gefühlt – nicht mehr so wirklich viel Neues am anderen zu entdecken.

Und dann fällt uns irgendwann auch auf, dass das geliebte Wesen sogar veritable Macken hat. Und es drängt sich das Gefühl auf, dass wir diese Macken auf Dauer nicht mehr aushalten kön-nen oder wollen. Manchmal reicht die Liebe, so wie sie ist, eben nicht aus, um eine schöne und erfüllte Beziehung zu führen. Und wer glaubt, dass es schon irgendwie wieder von alleine besser wird, der wird schnell feststellen, dass sich die Beziehung vor allem in eine Richtung bewegt, in Richtung langweilig, frustrierend und unbefriedigend.

Kennen Sie das? Jeden Tag der gleiche Trott. Morgens aufge-standen, die Kinder, der Job, der Haushalt, vielleicht noch ein biss-chen Sport oder Fernsehen – und schon ist wieder Abend. Der Tag ist an uns vorbeigerauscht und vieles haben wir gar nicht bewusst mitbekommen. Auch in Beziehungen macht sich diese Un-Acht-samkeit immer wieder breit.

KLAUS UND BRIGITTE IN DER ALLTAGSFALLE!

Klaus und Brigitte waren schon seit über zwanzig Jahren verheiratet. Die Kinder waren aus dem Gröbsten raus, beide arbeiteten ganztags und jeder hatte im Haus zugeteilte Aufgaben, die erledigt wurden. Eigentlich funktionierten die beiden im Alltag wunderbar miteinander. Allerdings lebten sie mittlerweile auch wunderbar nebeneinander her.

Als sie mir beide in der Praxis gegenüber saßen, erzählte mir Klaus mit einer gewissen Ungeduld im Unterton, dass er eigentlich überhaupt keine Zeit für unser Gespräch hätte. Brigitte schüttelte nur den Kopf und zerpflückte ihr Papiertaschentuch.

Ich beschloss, Klaus erst einmal höflich einzubinden: „Ich freue mich, dass Sie sich trotz Ihrer vielen Termine Zeit für diesen Termin genommen haben." Und wandte mich umgehend an seine Frau: „Brigitte, es waren ja Sie, die um den Termin gebeten haben. Erzählen Sie mir doch bitte einmal, um was es eigentlich geht."

Brigitte hob den Blick, atmete durch und begann zu erzählen: „Ach, wissen Sie, eigentlich geht's uns ja gut miteinander. Wir haben einen guten Job, ein schönes Haus, unsere Kinder studieren, finanziell haben wir keine Probleme… und trotzdem ist da diese Leere in mir. Ich fühle mich, auch wenn Klaus da – also anwesend – ist, total allein. Nein, eigentlich fühle ich mich gar nicht mehr gesehen.

Klaus redet mit mir nur noch über organisatorische Dinge. Ich weiß nicht, wann ich das letzte Mal von ihm in den Arm genommen wurde. Ich glaube, er würde erst merken, dass ich für ein paar Tage nicht zu Hause wäre, wenn er keine frische Wäsche mehr im Schrank hätte. Es ist, als würden wir in einer WG zusammenleben."

Klaus richtete sich auf und wurde etwas unwirsch: „Na typisch! Du übertreibst mal wieder maßlos! Natürlich sehe ich dich! Habe ich dir nicht gestern erst gesagt, dass mir das Essen geschmeckt hat?"

Brigitte rollte mit den Augen und erwiderte: „Ja, hast du. Nachdem ich dich gefragt habe. Aber das meine ich auch gar nicht."

Es erschien mir notwendig, an dieser Stelle erst einmal zu versuchen, ein größeres gegenseitiges Verständnis herzustellen: „Klaus, was vermuten Sie, meint Ihre Frau, wenn sie sagt, dass sie sich von Ihnen nicht gesehen fühlt?"

Er runzelte die Stirn und sagte dann: „Naja, es ist eben wirklich so viel drum herum. Also der Alltag hat uns total im Griff. Wir haben ja beide eine Menge Verpflichtungen, so viele Termine, die eingehalten werden müssen. Und wenn wir dann abends zusammen sind, dann sind wir beide müde, gucken noch ein bisschen fern und gehen ins Bett. Ich habe dann, ehrlich gesagt, auch keine Lust mehr so viel zu reden. Jedenfalls nicht, wenn alles ok ist."

Brigitte unterbrach ihn: „Es ist aber eben nicht alles in Ordnung. Wir leben nur noch nebeneinander her. Ja, du hast recht, wir haben viel um die Ohren, aber von dir kommt ja nie etwas. Nie hast du mal eine Idee, was wir zusammen tun könnten."

Das wollte ich jetzt genauer wissen: „Was würden Sie denn gerne einmal tun?"

Brigitte klang ein wenig verzweifelt: „Einfach mal wieder essen gehen oder ins Kino. Ich möchte mich auch nur mal wieder mit Klaus unterhalten. Aber Sie haben ja gerade gehört, was er gesagt hat – wenn alles ok ist, muss man auch nicht reden. Wie mich das nervt!"

Ich hakte nach: „Das hört sich ja wirklich anstrengend und ein bisschen trostlos an. Was haben Sie denn beide schon getan, damit es besser oder anders werden kann?" Beide guckten erst sich und dann mich an und zuckten mit den Schultern. „Wie lange geht das schon so bei und mit Ihnen?"

Brigitte erwiderte nüchtern: „Naja, seitdem die Kinder auf der Welt sind."

„Tatsächlich? Ihre Kinder sind zwanzig Jahre alt! Wie haben Sie es nur geschafft, so lange nebeneinanderher zu leben?"

Plötzlich redeten die beiden wild durcheinander. Ich ließ sie für einen kurzen Moment reden und stand dann auf. Beide waren wie auf Kommando still. „Ich habe gerade eine Idee. Bitte stehen Sie beide auf und stellen Sie sich in dem Abstand gegenüber, der Ihre gefühlte Nähe gerade gut beschreiben würde!"

Brigitte stand auf und stellte sich in die eine Ecke des Zimmers, Klaus direkt in die andere.

„Ok, ich möchte Sie nun beide bitten, sich gegenseitig etwas von dem anderen zu wünschen. Etwas, was Sie vermissen, was Ihnen wichtig ist. Derjenige, an den der Wunsch gerichtet ist, überlegt bitte und geht dann, wenn er diesen Wunsch erfüllen möchte, einen Schritt vor. Bitte diskutieren Sie nicht miteinander, sondern erkennen Sie einfach an, dass es einen Grund dafür gibt, dass dieser Wunsch von Ihrem Partner geäußert wurde. Brigitte, bitte wünschen Sie sich etwas von Ihrem Mann. Und sagen Sie ihm bitte, was Sie sich tatsächlich wünschen und nicht, was er zum Beispiel nicht mehr tun soll! Achten Sie bitte auf Ihre Worte, achten Sie bitte beide auf Ihr Gefühl. Wie fühlt es sich gerade an, wenn Sie sich hier gegenüber stehen und sich ansehen. Nehmen Sie es erst einmal nur wahr."

Brigitte begann mit ihrem ersten Wunsch. Sie wünschte sich, dass Klaus sie mal wieder zum Essen einlädt. Er überlegte einen Moment, lächelte dann und ging direkt einen großen

Schritt auf seine Frau zu. Dann äußerte er seinen Wunsch: „Ich wünsche mir von dir, dass du mir mal sagst, dass du mich noch liebst!"

Brigitte guckte ganz erstaunt und wollte etwas dazu sagen, doch bevor sie zu Wort kam, bat ich sie, einfach nur einen Schritt auf ihren Mann zuzugehen, wenn sie ihm diesen Wunsch erfüllen mochte. Einige Minuten und Wünsche später standen sich beide ganz nah gegenüber.

„Wie fühlt es sich an, sich so nah gegenüber zu stehen?"

Sie antwortete mit weicher Stimme: „Es ist schön. Ich hatte direkt auch ein Kribbeln im Bauch, als Klaus immer ein Stück näher auf mich zukam. Ich bin auch ziemlich erstaunt über das, was er sich da gewünscht hat."

Klaus stimmte ein: „Mir geht es ähnlich. Es fühlt sich erst ein-mal sehr fremd an, sich etwas zu wünschen, aber es fühlt sich auch schön an. Und der Abstand zu Brigitte gefällt mir so auch viel besser."

Jetzt galt es, eine Brücke zu bauen: „Spüren Sie beide denn gerade einen Impuls?"

Klaus nickte und sagte: „Ich möchte Brigitte gerne in den Arm nehmen!"

Ich fragte Brigitte: „Darf er?"

Sie lächelte und nickte und beide nahmen sich in den Arm.

Je länger wir mit einem Partner zusammen sind, desto mehr ge-wöhnen wir uns an ihn wie an ein altes Möbelstück. Und wenn wir mal ganz ehrlich sind, denken wir oft auch gar nicht weiter darüber nach. Er ist eben da und lebt das Leben in allen Facetten mit uns gemeinsam. Trotzdem gibt es da diese Momente und dann spüren wir manchmal diese Leere in uns, dieses Gefühl, dass etwas fehlt, das wir aber schnell mit dem Argument verdrängen: „Naja, das geht ja wohl nicht nur mir so. Wir sind halt schon so lange zusammen."

Und anstatt dann die Nähe zum Partner zu suchen oder etwas zu tun, von dem wir aus Erfahrung wissen, dass es für beide schön ist, bleiben wir dann doch vor dem Fernseher hocken oder tauchen hinter einem Buch ab. Das ist zwar nicht unbedingt befriedigend, aber bequem. Und überhaupt: Der andere könnte ja auch mal was tun, das müsste doch der Partner eigentlich von alleine erkennen, dass das alles nicht wirklich optimal läuft. Und so hofft man, dass sich das alles irgendwie schon von alleine wieder bessern wird. Und wenn es dem Partner ähnlich ergeht, tja, dann hoffen beide ewige Zeiten aneinander vorbei.

GEBEN SIE DER ACHTSAMKEIT EINE NEUE CHANCE!

Was also kann man da tun? Man kann, nein, man sollte versuchen, die verloren gegangene Achtsamkeit wiederzubeleben. Achtsamkeit bedeutet einerseits, auf sich selbst zu achten, aber auch achtsam gegenüber dem Partner zu sein. Manchmal ist der Versuch hilfreich, sich in den Partner hineinzuversetzen und die Dinge aus seiner Sicht zu betrachten. Versuchen Sie immer wieder, sich vor Augen zu führen, dass Sie und Ihr Partner die Dinge aus unterschiedlichen Perspektiven sehen, dass Sie unterschiedliche Wahrnehmungen und Gefühle haben und dass es generell nicht um richtig oder ralsch und schon gar nicht um Schuld oder Nichtschuld geht.

Achtsamkeit bedeutet aber auch, wachsam und präsent im Hier und Jetzt zu sein – so, wie wir vermutlich alle im Auto bei starkem Verkehr unterwegs sind. Auch in unserer Beziehung müssen wir achtsam sein, müssen hin und wieder unseren Beziehungsautopiloten ausschalten, um das Steuer wieder selber in die Hand zu nehmen und zu entscheiden, in welche Richtung es denn jetzt

weitergehen soll. Das bedeutet, genauer hinzusehen und nachzuspüren: Was ist denn gerade mit mir, was ist mit meinem Partner,
was ist mit unserer Beziehung?

So erhalten wir auch die Chance, uns selbst, aber auch unseren
Partner immer wieder neu zu entdecken. Denken Sie doch einmal
daran zurück, wie achtsam Sie in der Zeit des Verliebtseins waren.
Jeder Blick, jede Geste, jedes Wort wurde bemerkt. Wir mussten uns
überhaupt keine Mühe geben, um achtsam zu sein. Alles war so neu
und so spannend. Wir waren so neugierig aufeinander und ließen
keine Gelegenheit aus, dem geliebten Menschen etwas Gutes zu
tun, ihn zu überraschen.

Und natürlich hat unser Partner unsere Aufmerksamkeit mitbekommen, hat sich gesehen und geliebt gefühlt und entsprechend
reagiert, was es uns wiederum leichter machte, entsprechend aufmerksam, liebevoll und noch achtsamer zu sein. Es war geradezu
ein Glücksperpetomobile. Wie schade, dass dieser „Rausch" nicht
so lange anhält.

Bisweilen sehen wir unseren Partner irgendwann als selbstverständlich an und legen die Aufmerksamkeit zunehmend auf die
Dinge, die uns nerven oder ärgern. Was mal schön und erfüllend war,
verliert seine Außergewöhnlichkeit, wird normal, wird Alltag. Erinnern Sie sich eigentlich – jetzt in diesem Moment – daran, wann Sie
Ihrem Partner das letzte Mal in die Augen gesehen haben? Seine
Wärme gespürt und seinen Duft wahrgenommen haben?

WENN NICHT SIE, WER DANN?

Wenn Sie bemerken, dass es Ihnen in Ihrer Beziehung zu langweilig geworden ist, dann ändern Sie es! Setzen Sie sich mit
Ihrem Partner zusammen, besprechen Sie den für Sie unbefrie-
digenden Ist-Zustand. Und überlegen Sie gemeinsam, was
schöner wäre, was Sie sich in diesem Moment von Ihrem Partner
wünschen. Was macht Sie glücklich und zufrieden? Was macht
Ihnen Spaß?

Berücksichtigen Sie aber auch, was Sie zu geben bereit sind. Was können Sie Ihrem Partner, aber auch Ihrer Beziehung zuliebe, selber tun, selber einmal ausprobieren? Spüren Sie einmal in sich hinein: Was fehlt Ihnen, was wünschen Sie sich, was hätten Sie gerne anders? Überlegen Sie, welcher erste Schritt nötig wäre, um Ihrem Ziel ein Stückchen näher zu kommen. Trauen Sie sich diesen ersten Schritt zu gehen. Haben Sie keine Sorge, Sie können nichts falsch machen.

Auch wenn es anstrengend für Sie ist, auch wenn Sie es vielleicht „nur" Ihrem Partner zuliebe (ohne natürlich über Ihre eigenen Grenzen zu gehen!) tun. Wenn Sie Lust haben, mit Ihrem Partner essen zu gehen, dann reservieren Sie einen Tisch in Ihrem oder seinem Lieblingsrestaurant. Und wenn Sie wissen, dass Ihr Partner Wert auf bestimmte Dinge legt, die Ihnen nicht so wichtig sind, dann tun Sie es ihm zuliebe einfach mal.

Räumen Sie Ihre gefühlten hundertachtzig Paar Schuhe aus dem Weg, damit Ihr Partner auf dem Weg zu Ihnen freie Bahn hat. Und wenn Sie keine Lust haben, abends vor dem Fernseher zu hocken, dann sagen Sie, was Sie stattdessen lieber tun möchten. Machen Sie Vorschläge, ändern Sie das, was für Sie nicht mehr passt. Und beziehen Sie Ihren Partner mit ein. Reden Sie mit ihm, anstatt darauf zu warten, dass Ihr Partner beginnt, etwas zu verändern.

Wenn Sie das Bedürfnis und den Wunsch nach Veränderungen spüren, dann fangen *Sie* damit an! Gönnen Sie sich diese kleine Anstrengung. Sie ist es wert! Sie könnten nämlich tatsächlich verlorengegangene Momente der Liebe und des Glücks zurückgewinnen.

Vier Wochen nach der ersten Sitzung saßen Brigitte und Klaus wieder in meiner Praxis. Der Unterschied zum ersten Mal war beachtlich. Beide wirkten ausgesprochen entspannt, kamen sogar lachend in die Praxis.

„So gut gelaunt! Ich freue mich Sie zu sehen! Noch mehr freue ich mich jetzt aber zu erfahren, was Sie beide gerade so fröhlich und entspannt sein lässt und wie es Ihnen nach unserer ersten gemeinsamen Sitzung ergangen ist. Was hat sich verändert?"

Klaus klang äußerst gelöst: „Ganz ehrlich? Diese Wunschübung hat bei mir irgendwie einen Knoten platzen lassen. Mir ist plötzlich klar geworden, was Brigitte gemeint hat, und ich habe auch tatsächlich gespürt, dass auch mir einiges fehlt. Ich habe das immer nur schön mit Arbeit und Terminen zugedeckt. Ich hätte nicht gedacht, dass so eine kleine Übung so viel bewirken kann. Als Brigitte und ich zu Hause waren, haben wir noch einmal aufgeschrieben, was wir uns gewünscht haben. Der Zettel hängt an der Kühlschranktür, damit wir uns erinnern. Und wir sind am gleichen Abend noch essen gegangen!"

Brigitte ergänzte: „Ja, und das war der erste schöne Abend seit langem. Ich war auch sehr überrascht, was Klaus sich gewünscht hat. Der Wunsch, von mir zu hören, dass ich ihn liebe, hat mich sehr nachdenklich gemacht. Er hat nämlich recht. Ich habe tatsächlich immer nur darauf gewartet, dass er etwas macht und wurde immer frustrierter. Jetzt haben wir diese Wunschliste sozusagen als Gebrauchsanweisung. Wir können immer mal drauf schauen, um uns zu erinnern."

Klaus fügte noch an: „Und es sind auch noch weitere Wünsche dazu gekommen. Ich habe mir früher nie Gedanken gemacht, was ich wirklich möchte. Ich habe einfach funktioniert. Gut, es gibt immer noch Momente, in denen sich alles ein wenig fremd anfühlt. Aber ein bisschen ist es auch wie sich neu kennenzulernen. Wir sind tatsächlich ein bisschen aufmerksamer geworden. Ein Wunsch, den meine Frau geäußert hat, ist übrigens auch mein Wunsch: Wir wollen nämlich insgesamt mehr Zeit für uns als Paar einplanen. Paarzeit sozusagen. Wir haben jetzt Dates miteinander!"

Was mich am meisten freute, war die Aufbruchsstimmung, die Brigitte abschließend noch deutlich machte: „Ja, ich kann das nur bestätigen. Es ist ein bisschen aufregend gerade. Und mir hilft es tatsächlich, hin und wieder auch auf Klaus' Wunschliste zu gucken und dann erinnere ich mich daran, was Sie sagten: Nämlich nicht warten und aneinander vorbeihoffen, sondern machen!"

Was Sie tun können

EINE KLEINE ACHTSAMKEITSÜBUN FÜR DEN ALLTAG

Wie schon beschrieben, funktioniert bei uns ja vieles per Autopilot, vieles in unserem Alltag ist reine Routine. Wir stehen morgens auf, waschen uns, ziehen uns an und erledigen dann unseren Alltagsjob. Aber wissen Sie eigentlich wirklich, wie Ihr Kaffee morgens schmeckt? Wie er riecht? Wie fühlt sich denn das Messer eigentlich an, mit dem Sie Ihr Brot schmieren? Wie fühlt es sich an, auf Ihrem Stuhl zu sitzen?

Ich möchte Sie mit dieser kleinen Übung einladen, ein wenig achtsamer mit sich selbst umzugehen. Wenn Sie also morgen früh aufstehen, sich für den Tag fertig gemacht haben und morgens einen Kaffee (oder Tee oder …) trinken, dann machen Sie bitte einmal etwas ganz anders. Achten Sie bitte mal ganz bewusst auf das, was Sie tun.

* Gehen Sie an Ihren Kaffeeautomaten und spüren Sie nach, wie sich der Druck auf Ihrem Finger anfühlt, wenn Sie die Maschine berühren.

* Hören Sie, welches Geräusch sie macht, wenn sie die Bohnen mahlt. Und riechen Sie den Duft des Kaffees, wenn er in die Tasse läuft.

* Nehmen Sie die Tasse in die Hand – wie fühlt es sich an, wenn Sie die Tasse mit beiden Händen umschließen? Ist das angenehm?

* Nehmen Sie einen Schluck Kaffee und lassen Sie ihn im Mund ein wenig verweilen. Wie schmeckt er? Wie ist die Temperatur?

* Spüren Sie die Wärme und schlucken Sie dann den Kaffee herunter. Fühlen Sie die Wärme in Ihrer Speiseröhre? Wie fühlt es sich an? Schmeckt der Kaffee vielleicht intensiver, besser?

Probieren Sie diese kleine Übung auch in anderen Situationen aus. Achten Sie also einmal genau auf das, was Sie gerade tun. Ist da vielleicht etwas anders, wenn Sie sich auf das, was Sie gerade tun, konzentrieren? Spüren Sie einen Unterschied zur gedankenlosen Alltäglichkeit?

Vielleicht fragen Sie sich, was diese Übung nun mit Ihrer Beziehung zu tun haben soll. Ganz einfach: Wenn Sie sich in Achtsamkeit üben, erwerben Sie sich die Möglichkeit auf innere Ruhe und Gelassenheit! Sie sind dann sehr viel eher in der Lage, offen und präsent in der Gegenwart zu „sein". Das gilt auch für Ihre Beziehung.

Also, genauso achtsam, wie Sie nun Ihren Kaffee zubereiten und Ihren Sinnen die Erlaubnis geben, sich mal wieder richtig auszutoben, so achtsam seien Sie doch bitte das nächste Mal, wenn Sie Ihren Partner ansehen, ihn berühren, seinen Duft einatmen, ihm in die Augen sehen. Gönnen Sie auch in diesen Momenten, sich mit all Ihren Sinnen auf dieses besondere Gefühl einzulassen.

Und außerdem haben Sie, im besten Fall, die Möglichkeit, rechtzeitig alte und unerwünschte „Verhaltens-Gefühls-Muster" zu erkennen und Ihrem Partner gegenüber entsprechend anders, als gewohnt zu reagieren.

Aber bitte bedenken Sie, dass sich Achtsamkeit nicht plötzlich auf Fingerschnipsen einstellt. Achtsamkeit möchte achtsam immer wieder und wieder wiederholt werden.

ERBSENZÄHLERÜBUNG FÜR PAARE

Genauso automatisch, wie wir im Alltag mit uns selbst umgehen, so gehen wir auch mit unserem Partner um. Leider neigen wir eher dazu, im Alltag die negativen Dinge zu sehen und die positiven als Normalität anzusehen. Auch diese kleine Übung soll Ihnen helfen, sich und Ihren Partner anders wahrzunehmen, intensiver und bewusster.

* Jeder nimmt sich morgens eine kleine Handvoll Erbsen (Büroklammern gehen auch) und steckt sie in seine rechte Hosen- oder Jackentasche.

* Ihre Aufgabe ist es, sich und Ihren Partner etwas genauer zu beobachten. Und wenn Ihnen etwas positiv aufgefallen ist, wenn sich etwas schön, warm, nah oder vielleicht sogar aufregend angefühlt hat, dann stecken Sie eine Erbse von der rechten in die linke Hosentasche.

* Wenn Sie dann am Abend zusammensitzen, schauen Sie nach, wie viele Erbsen die Tasche wechseln durften.

* Und dann erzählen Sie sich gegenseitig, was Ihnen aufgefallen ist, was schön war und von was Sie gerne mehr hätten.

Meine Paare berichten immer wieder, dass ihnen diese Übung anfangs ein bisschen komisch vorkam, dass sie aber- nachdem sie sich darauf eingelassen hatten – tatsächlich viel aufmerksamer wurden und es irgendwann sogar ein bisschen Spaß gemacht hat, zu schauen, wie viele Erbsen oder Büroklammern „wandern" durften.

Einige Paare haben daraus eine Art Ritual entwickelt. Aber alle haben bestätigt, dass es sie erstaunt hat, wie viel sich verändern durfte, nachdem sie sich entschieden hatten, tatsächlich hauptsächlich die positiven gemeinsamen Erlebnisse oder Eigenschaften des Partners zu beachten und vor allen Dingen auch zu benennen.

PAARÜBUNG „GUTES TUN"

Bei dieser Übung geht es vor allen Dingen um die kleinen Aufmerksamkeiten im Alltag.

* Achten Sie im Alltag auf sich und Ihren Partner und tun Sie ab sofort einmal am Tag etwas für Ihren Partner, von dem Sie glauben, dass er es mag.

* Achten Sie gleichzeitig darauf, was Ihr Partner Ihnen wohl Gutes getan hat und nehmen Sie es bewusst zur Kenntnis.

* Sagen Sie Ihrem Partner zum Beispiel also gerne mal, dass Sie bemerkt haben, dass er beim Friseur war und dass es Ihnen gefällt. Oder teilen Sie ihm mal mit, dass er besonders gut duftet.

* Massieren Sie Ihrem Partner mal die Füße oder den Nacken, wenn Sie sehen, dass er verspannt ist.

* Und ja, das dürfen Sie auch tun, wenn Sie darauf eigentlich nicht so große Lust haben. Tun Sie es einfach dem Partner zuliebe.

* Und bitte: Reden Sie nicht über das, was Sie für den anderen getan haben. Tun Sie es einfach. Und beobachten Sie, wie Ihr Partner reagiert.

* Seien Sie aber auch achtsam mit sich selbst und spüren Sie einmal nach, ob Sie bemerken, wenn Ihr Partner etwas für Sie getan hat. Auch wenn es sich vielleicht noch ein bisschen fremd anfühlt und Sie denken, dass er es ja nur macht, weil das Teil der Übung ist – macht doch nichts! Erlauben Sie es sich, alles zu genießen, was Ihnen gut tut. Und ja, Ihr Partner tut es nur Ihnen zuliebe! Aber das sind Sie ja wohl auch wert, oder?

* Haben Sie Geduld. Es wird sich vielleicht alles noch ein wenig fremd und komisch anfühlen und nicht sofort so klappen, wie

Sie es sich vielleicht vorgestellt haben. Vielleicht brauchen Sie und Ihr Partner noch ein wenig Unterstützung.

* Geben Sie sich gegenseitig also ab und an mal einen Hinweis und sagen Sie offen, was Sie besonders mögen.

* Erwähnen Sie aber auch, was Ihnen im Alltag positiv aufgefallen ist. Am Ende der Woche oder in Ihrer Paarzeit erzählen Sie sich gegenseitig, was Ihnen aufgefallen ist und wie es für Sie war.

Wichtig: Diese Übung ist kein Wettkampf! Es gibt keinen Gewinner, nur weil einer von Ihnen dem anderen vielleicht sogar zweimal am Tag etwas Gutes getan hat.

Es macht auch nichts, wenn einer von Ihnen mal einen Tag aussetzt. Wenn der andere das bemerkt, darf er gerne auch doppelt so viel Gutes für den Partner tun.

Und auch wenn es Ihnen vielleicht manchmal auf der Zunge liegen sollte: Verkneifen Sie sich jeglichen Kommentar wie: Was ist denn mit Dir los? Das hast du ja noch nie gemacht!

Und ganz wichtig: Sie dürfen sich über jedes „Danke" freuen, das man Ihnen „schenkt"!

Der Tanz zwischen Nähe und Distanz

Nähe und Distanz sind Bedürfnisse, die wir alle kennen. Und ob wir nun mehr der Typ sind, der eher Nähe sucht oder der, der lieber auf Distanz geht, liegt an unserer ganz individuellen Persönlichkeitsstruktur. Doch generell gilt: Wir alle suchen einerseits nach Nähe, gleichzeitig sehen wir aber immer auch zu, unsere Individualität und unsere Freiheit nicht zu verlieren. Das ist so ein bisschen wie „Wasch mich, aber mach mir den Pelz nicht nass". Wenn wir mit unserem Partner zusammen sind, genießen wir die Nähe und Liebe und vor allen Dingen das Gefühl, richtig und wichtig für den anderen zu sein. Die Nummer eins sozusagen. Wir benötigen dieses Wir-Gefühl, mit dem wir auch der Außenwelt zeigen, dass wir ein Paar sind.

Ebenso ist es aber wichtig anzuerkennen, dass es immer noch ein Ich und ein Du gibt, die ganz unterschiedliche Bedürfnisse nach Rückzugsmöglichkeiten, aber auch nach eigenen Hobbys und Freunden haben.

Wenn wir eine Beziehung eingehen, pendeln wir zwischen Nähe und Distanz hin und her. Es geht um Nähe und Verbindlichkeit sowie um Autonomie und Unabhängigkeit. Und so tanzen wir mit unserem Partner oft harmonisch, manchmal aber auch sehr holprig den Tanz zwischen Nähe und Distanz durch unser Beziehungsleben. Und da kann es dann schon mal passieren, dass der eine Partner gerade das Bedürfnis hat, einen Blues zu tanzen, um sich dem anderen ganz nah zu fühlen, während der andere in dem Moment gerade große Lust auf Headbangen und Heavy Metal hat, weil es ihn gerade sehr nach Autonomie drängt und er ein bisschen mehr Distanz braucht.

In funktionierenden Partnerschaften pendeln sich die unterschiedlichen Bedürfnisse des „Ich" und des „Du" immer wieder in ein „Wir" ein. Jede Veränderung des einen verändert etwas im anderen und so kann eine Beziehung durchaus gut funktionieren. Und letztlich ist es das ja auch, was eine Beziehung lebendig macht und uns und unsere Partnerschaft reifen und wachsen lässt.

WENN DER EINE BRAUCHT, WAS DER ANDERE NICHT WILL...

Besonders in stressigen Situationen oder in Zeiten von Überforderung spüren wir die eigenen und die davon abweichenden Bedürfnisse des Partners sehr deutlich. Der eine will seine Ruhe, während der andere genau in dem Moment Lust hat, unbedingt noch ein Glas Wein trinken zu gehen. Übermorgen kann es dann genau umgekehrt sein. Und je nach eigenem Befinden reagieren wir mit Frust, Unterstellungen, Schuldzuweisungen oder Rückzug.

Aber warum fühlt es sich nur so schlecht an, wenn der Partner sich mal von uns „abwendet"? Das liegt an unseren zum Teil unbewussten Gefühlen und Ängsten. Angst zum Beispiel, nicht gut genug zu sein oder auch verlassen zu werden. Wir spüren plötzlich Zweifel an der Liebe zu uns. Und leider vergessen wir in solchen Momenten, dass es uns doch oft genug genauso geht. Dass wir uns zurückziehen möchten, weil wir unsere Ruhe brauchen.

Leider geschieht es aber genau in diesen Momenten, dass derjenige, der mehr Nähe braucht, den anderen bedrängt, was wiederum dazu führt, dass der Bedrängte sich zurückzieht, was den, der Nähe sucht, dazu veranlasst, noch mehr zu drängen, was den ... Sie wissen, was ich meine!

Dabei versuchen beide Partner in diesen Momenten nur, ihren Bedürfnissen nachzukommen, manövrieren sich damit aber automatisch in den Verfolgungs- bzw. Fluchtmodus.

CLARA UND JON TANZTEN NICHT MEHR MITEINANDER

Clara und Jon waren seit einem Jahr Eltern eines kleinen Sohnes, Ben, und lebten in einem kleinen Haus auf dem Grundstück von Claras Großeltern. Jon war Elektriker und Clara arbeitete bis zur Geburt von Ben als Schulsekretärin. Als sie bei mir in der Praxis waren, war Clara in Elternzeit.

> Clara begann zu erzählen: „Ich bin fix und fertig. Ben war ein Schreikind. Er schlief nie länger als zwei Stunden am Stück durch. Das hat sich zum Glück geändert, aber jetzt fängt er sich eine Krankheit nach der anderen ein. Und ich habe das Gefühl, ich funktioniere nur noch. Und zwar nur noch für die anderen! Ich selber kippe irgendwie hinten über und keiner kümmert sich um mich."
>
> „Ja", antwortete ich, „das kann ich gut verstehen. Und es sagt einem ja vorher auch keiner, wie anstrengend und anders das Leben ist, wenn man ein Kind bekommt. Da ist man manchmal einfach komplett überfordert und gestresst. Ich bin ja auch Mutter, und obwohl meine Kinder schon erwachsen sind, kann ich mich noch gut an diese anstrengende und trotzdem schöne Zeit erinnern."
>
> Clara nickte: „Ja, und dann warte ich natürlich auf Jon. Darauf, dass er mir Ben abends endlich mal abnimmt. Darauf, dass er sich auch mal um mich kümmert."
>
> "Und? Erfüllt Jon Ihre Wünsche?"
>
> Clara verdrehte die Augen: „Schön wär's. Ich spüre im Gegenteil ganz deutlich, wie sehr wir uns voneinander entfernt haben. Und das macht mir ein ungutes und leeres Gefühl."
>
> „Sie wünschen sich also mehr Nähe und Zuneigung?"
>
> „Ja, und ich wünsche mir irgendwie auch, dass er sich auch

wünscht, mich, bzw. uns zu sehen. Dass er froh und glücklich ist, wenn er bei uns zu Hause ist. Er wollte doch auch eine Familie, und jetzt ist er nie da, selbst wenn er körperlich anwesend ist."

Jon holte tief Luft und richtete sich in seinem Stuhl auf: „Ich habe aber auch gerade in meinem Job eine Menge zu tun. Und ganz ehrlich? Ich bin froh, wenn ich abends meine Ruhe habe."

„Wie ist denn für Sie das Nachhausekommen?"

„Ich merke natürlich sofort, dass Clara unbedingt mit mir reden möchte, aber ich will nichts mehr hören – und schon gar keine Klagen oder Gejammer, weil wieder irgendwas so anstrengend oder nervig war. Clara und ich hatten doch abgesprochen, dass sie mit dem Kind Zuhause bleibt und ich arbeiten gehe."

"Und was passiert dann?"

„Wenn's mir dann irgendwann zu viel wird, verziehe ich mich ins Gästezimmer und lese."

„Was muss denn genau passieren, damit es Ihnen zu viel wird und Sie abhauen müssen?"

Jon brachte es auf den Punkt: „Wenn Clara anfängt zu drängeln, zu bitten und zu betteln oder wenn sie dann auch beginnt zu fluchen, dann werde ich immer stiller."

„Es verschlägt Ihnen also die Sprache?"

„Ja, ich weiß nicht, was ich sagen soll, außer: Ich brauche mal für einen Moment meine Ruhe. Aber dann muss ich mir anhören, dass sie den ganzen Tag auch keine Ruhe hatte. Aber ich war doch auch nicht zum Feiern unterwegs. Ich war arbeiten!"

„Und was passiert, wenn Sie dann aus dem Zimmer gehen?"

Jetzt antwortete Clara: „Dann gehe ich ihm hinterher!"

> „Oh je! Und schon sind Sie beide im Verfolgungs-Abhau-Modus. Da kann ich mir vorstellen, dass der Abend dann gelaufen ist."

Für Clara und Jon war es einfach wichtig zu erkennen, dass beide einen Anteil an diesem holprigen Nähe-Distanz-Tanz hatten und beide etwas für sich, aber auch füreinander tun konnten, um die Situation zu ändern. Sie mussten sich bewusst machen, dass sie völlig unterschiedlich auf bestimmte Situationen reagierten – und zwar so, wie sie es kennengelernt hatten und wie es ihrer Persönlichkeitsstruktur entsprach.

WIE JON UND CLARA IHREN GEMEINSAMEN RHYTHMUS WIEDER FANDEN

Jon und Clara machten in einer unserer gemeinsamen Sitzungen die „Wunschübung" und erfuhren dabei, wie wichtig es ist, Wünsche zu äußern, anstatt dem anderen Vorwürfe zu machen und damit genau das Gegenteil zu erreichen. Diese Übung, also das Aufeinander zugehen und das gegenseitige Verständnis und Anerkennen der Wünsche des Partners hat bei den beiden mehr Nähe und Verständnis füreinander entstehen lassen.

Jon verstand irgendwann, dass:

* Clara auf ihre Ängste, aber auch auf Überforderung und Druck mit einem starken Bedürfnis nach Nähe reagiert und in diesen Momenten sehr emotional ist, was sie mit Weinen, Klagen und Vorwürfen versucht mitzuteilen.

* Clara sich oft zurückgewiesen und persönlich angegriffen fühlt, vor allen Dingen dann, wenn er auch einmal etwas ohne sie unternehmen oder einfach nur mal für sich sein möchte.

* Clara – je mehr er sich zurückzieht – immer mehr Nähe sucht, sich aber irgendwann beleidigt zurückzieht, wenn sie Ablehnung erfährt.

※ Clara immer alles ausdiskutieren möchte. Und zwar am liebsten sofort! Dass sie über Probleme und Gefühle reden möchte und gleichzeitig von ihm erwartet, dass er das doch bitte auch wollen soll. Und dass sie sich natürlich dann darüber beschwert, wenn er selbst nie über seine Gefühle reden kann oder will und stattdessen „flieht", wenn sie doch seine Nähe braucht.

Und Clara verstand irgendwann, dass

※ Jon in den Momenten der gefühlten Bedrängnis nur versucht, seinem emotionalen Stress mit räumlicher Distanz zu entkommen und dass er seinen gefühlten Druck damit auszugleichen versucht, indem er noch mehr arbeitet, noch weniger zu Hause ist, sich noch mehr in sich zurückzieht.

※ Jon nun mal anders ist als sie und dass er mit sich, seinen Gefühlen und Bedürfnissen auch anders umgeht.

※ sie das überhaupt nicht verstehen muss, aber trotzdem versuchen sollte, Jon diesbezüglich immer wieder auch ein bisschen auszuhalten, weil er – genau wie sie – so ist, wie sie nun mal beide sind: nämlich anders!

※ er sich viel eher öffnen kann, je weniger Kritik, Druck und Vorwurf von ihr kommen.

※ sie ihre Bedürfnisse in Zukunft klarer kommunizieren sollte, sich aber auch selber mehr um ihre Bedürfnisse kümmern muss.

Es gibt Menschen, die sich zurückziehen, weil sie nicht über bestimmte Probleme reden möchten. Manch einer zieht sich auch zurück, weil es ihm gerade einfach nicht gut geht, und es seine Art ist, so mit einer schweren Situation umzugehen. In solchen Situationen, macht es einfach keinen Sinn, den Betreffenden zu bedrängen.

Auch wenn man es gut meint. Sie wissen doch: Gut gemeint ist nicht immer gut gemacht! Es reicht also, Ihrem Partner zu signalisieren, für ihn da zu sein, aber auch: ihn aushalten zu können. Ob und wann er dann Hilfe annimmt, sollte man ihm überlassen. Auch wenn das manchmal schwer auszuhalten ist.

Und manchmal gibt es eben auch einfach sehr anstrengende Lebensphasen. Junge Eltern wissen davon ein Lied zu singen. Da geht es nur noch darum, die Zeit irgendwie zu überstehen, bis es wieder besser und leichter wird. Wichtig ist in solchen anstrengenden Lebensmomenten, für sich allein zu erkennen und sich auch immer wieder gerne auch gegenseitig daran zu erinnern, dass all das, was gerade so belastend ist, „eigentlich nur eine gerade ziemlich anstrengende Phase im ansonsten aber richtigen Leben" ist.

Und es ist wichtig, anzuerkennen, dass sich Nähe und Distanz in einer Beziehung immer wieder verändern. Dass Ruhephasen für jeden wichtig sind, um mal Luft holen zu können, um in Ruhe nachzudenken oder auch einfach nur mal mit sich allein zu sein.

Natürlich gibt es auch hier kein Richtig oder Falsch. Manche Paare machen überhaupt nichts ohne den anderen und sind sehr glücklich damit. Für andere ist zu viel Nähe einfach nicht lebbar, die haben sogar getrennte Schlafzimmer oder fahren getrennt in den Urlaub. Und wieder andere pendeln genau zwischen diesen Möglichkeiten hin und her. Auch hier gilt also: Die Dosis macht das Gift.

Finden Sie gemeinsam das richtige Maß zwischen Nähe und Distanz. Achten Sie auf Ihre Bedürfnisse oder, um beim Tanzen zu bleiben, auf Ihren momentanen Musikgeschmack, auf Ihr aktuelles „Tanzbedürfnis", und versuchen Sie das auch klar zu kommunizieren. Vielleicht kreieren Sie sogar irgendwann einmal gemeinsam Ihre ganz eigenen Beziehungstänze.

Was Sie tun können

* Versuchen Sie, aus dem Verfolgungs- oder Fluchtmodus herauszukommen, indem Sie sich bewusst werden, wie Sie selber in bestimmten Situationen reagieren. Spüren Sie nach, was gerade Ihr Bedürfnis ist, welche Sorgen oder auch Ängste Sie plagen.

* Und sprechen Sie mit Ihrem Partner darüber. Sagen Sie statt: „Du hast ja nie Zeit für mich, aber immer redest du mit allen anderen über belangloses Zeug!" lieber: „Es geht mir gerade nicht gut und ich mache mir Gedanken, Sorgen über… und möchte gerne mit dir darüber sprechen. Passt es gerade?" Dann hat Ihr Partner die Möglichkeit nachzudenken, ob es tatsächlich gerade der richtige Zeitpunkt für ein wichtiges Gespräch ist oder ob er erst noch etwas zu Ende bringen möchte, was er gerade angefangen hat.

* Bitte bedenken Sie: Es ist nicht immer der richtige Zeitpunkt für ein Gespräch, auch wenn es Sie selber noch so sehr drängt. Halten Sie es also auch einmal aus, wenn Sie Ihr Problem nicht sofort lösen können. Sie sind erwachsen und deshalb auch in der Lage, mit Frust und Ungeduld umgehen zu können. Und wenn es noch nicht so gut klappt – üben Sie! Ich bin sicher, dass sich genügend Übungssituationen in Ihrer Beziehung anbieten.

* Für denjenigen, der sich gerne entzieht, gilt: Auch Sie dürfen gerne einmal bleiben, wenn Ihr Partner ein Bedürfnis nach

Nähe hat, das Sie gerade nicht verstehen oder teilen. Auch Sie dürfen sich bemühen, das für Sie anstrengende Gefühl mal auszuhalten.

* Seien aber auch Sie ganz klar in Ihrer Kommunikation. „Ich brauche noch 30 Minuten und dann bin ich ganz für dich da." Oder: „Ich bin heute nicht in der Stimmung, lass uns doch bitte morgen Abend darüber sprechen."

* Wenn Sie sich zu einem Gespräch verabreden, dann ist es wichtig, dass dieser Termin auch eingehalten wird. Und auch wenn es in dem vereinbarten Moment gerade besonders gemütlich ist und eine große Nähe besteht – klären Sie das Problem trotzdem oder gerade dann! Nähe und Gemütlichkeit sind nämlich die besten Voraussetzungen dafür, Probleme zu lösen.

Auch Clara und Jon haben für sich Lösungen gefunden, an der sie beide stetig weiter arbeiten. Sie haben vor allen Dingen erkannt, dass sie völlig vergessen hatten, ein Paar zu sein, seitdem das Kind auf der Welt war, und verabredeten fortan einen festen Zeitpunkt in der Woche, an dem sie etwas gemeinsam unternehmen wollen. Außerdem begannen sie damit, sich im Alltag kleine Inseln der gegenseitigen Achtsamkeit und des liebevollen Umgangs einzurichten.

Eifersucht ist eine Kraft...

Marie war seit einem Jahr mit ihrem Freund Martin zusammen und alles lief prima. Jedenfalls für Marie. Jedenfalls so lange sie glaubte, alles unter Kontrolle zu haben. Alles schien bestens, Marie und Martin unternahmen viel gemeinsam, es gab kaum einen Tag, an dem sie sich nicht sahen.

Irgendwann tauchte dann die Überlegung auf, in eine gemeinsame Wohnung zusammenzuziehen. Pläne wurden gemacht und das gemeinsame Projekt nahm immer konkretere Konturen an. Bis zu jenem Tag, an dem Martin Marie sagte, dass er mit ein paar alten Freunden für einen Kurzurlaub zum Skifahren in die Alpen fahren wollte. Und zwar *nur* mit seinen Freunden.

Marie stand wie vom Donner gerührt vor Martin und wusste nicht, wie ihr plötzlich geschah. Von einem Moment auf den anderen schossen ihr Gedanken durch den Kopf: Wieso will er denn plötzlich ohne mich in den Urlaub fahren? Fährt er wirklich mit seinen Freunden oder steckt vielleicht noch jemand ganz anderes dahinter? Gibt es eine andere?

Von einem Moment auf den nächsten verspürte Marie Wut und Eifersucht, konnte sich kaum beruhigen und war auch nicht mehr in der Lage, Martin zuzuhören. Sie bombardierte ihn förmlich mit Vorhaltungen und Unterstellungen. Wieso er denn allein mit seinen Freunden in den Urlaub fahren müsse, ob er mit denen wohl mehr Spaß habe als mit ihr. Oder ob er vielleicht gar nicht seine Freunde treffe, sondern irgendjemand anderen? Martin fühlte sich völlig überfahren. Jeder Versuch, Marie zu beruhigen, scheiterte. Marie war nicht mehr zu bremsen. Martin reichte es irgendwann, er packte seine Klamotten und verließ Maries Wohnung.

Trotz des Streits fuhr Martin dann mit seinen Freunden in den Urlaub. Der Spaß war allerdings überschaubar. Marie bombardierte ihn nämlich mit Textnachrichten und Anrufen, machte ihm Vorwürfe und bedrängte ihn mit ihrer Eifersucht, bis Martin nicht mehr reagierte und schließlich sein Handy einfach abschaltete.

Martin dachte ernsthaft daran, sich von Marie zu trennen. So kannte er seine Marie überhaupt nicht. Aber auch Marie war völlig verzweifelt, weil sie überhaupt nicht wusste, was da in ihrem Inneren so tobte. Sie konnte all die Gedanken in ihrem Kopf einfach nicht abschalten. Sie wollte nur eins: Martin sollte wieder bei ihr sein und alles sollte wieder so werden wie früher.

...DIE MIT EIFER SUCHT, WAS LEIDEN SCHAFFT!

Mal ehrlich: Kennen wir nicht alle dieses Gefühl? Eifersucht? Hat sie nicht jeden von uns schon mal mehr oder weniger stark erwischt? Dieses so übermächtige Gefühl nimmt uns in Beschlag, wenn wir von Angst erfüllt sind, einen für uns wertvollen Menschen zu verlieren. Und wenn wir in unserer Kindheit auch noch Verlusterfahrungen gemacht haben, wenn wir uns selber nie als liebenswert oder gut genug empfunden haben, sind wir für das Gefühl der Eifersucht noch einmal empfänglicher als Menschen, die ein gesundes Selbstwertgefühl besitzen. Und so kommt oft ein alter Trennungsschmerz in genau dem Moment wieder hoch, in dem wir das Gefühl haben, dass sich der Partner emotional von uns entfernt oder sogar abwendet.

Und das ist ja alles auch menschlich. Aber anstatt genau hinzuspüren, was gerade unser Bedürfnis ist, verfluchen, verdrängen oder bagatellisieren wir dieses ungeliebte Gefühl. Und wenn wir dieses, wie alle anderen als negativ bewerteten Gefühle in uns, nicht anerkennen, dann kann die Eifersucht außer Kontrolle geraten oder sich sogar zur selbsterfüllenden Prophezeiung entwickeln.

Diese Verlustängste werden oft als so dramatisch empfunden, dass es dem Partner nicht mehr möglich ist, den anderen zu erreichen. Der Eifersüchtige ist so in seiner Gefühlswelt gefangen, dass er aus dem Teufelskreislauf – Gedanken machen Gefühle und Gefühle machen Gedanken – überhaupt nicht mehr herauskommt. Es werden Beweise gesammelt, und alles wird kontrolliert. Und jeder vermeintliche „Beweis" wird dem Partner vorgeworfen. Der wiederum versucht mit Erklärungen und Verheimlichen die Wogen wieder zu glätten. Meistens geht das nicht lange gut, denn wer sich zu Unrecht beschuldigt und kontrolliert fühlt, zieht sich irgendwann tatsächlich zurück. Was wiederum zu weiteren Vorwürfen führt und dazu, dass der Eifersüchtige noch mehr kontrolliert. Sehr anstrengend, diese Situation. Für einen selbst, aber natürlich auch für die Beziehung.

Marie und Martin sind übrigens irgendwann tatsächlich doch noch zusammengezogen. Marie allerdings hatte sich entschieden, psychotherapeutische Hilfe in Anspruch zu nehmen, um ihre Verlustängste zu verarbeiten. Nachdem sie sich über die Gründe ihrer Eifersucht klarer wurde, konnte sie mit Martin auch ganz anders kommunizieren.

MARKUS UND JANA UND DIE EX

Bei Markus und Jana lag ein anderer Eifersuchtsfall vor: Die Eifersucht auf – in diesem Fall – die Ex. Markus hatte den Termin für sich und seine Freundin Jana vereinbart. Sein Anliegen war es, Jana von ihrer Eifersucht zu „befreien". Janas Anliegen hingegen war, Klarheit und eine bessere Kommunikation zwischen sich und Markus zu finden.

Jana begann zu erzählen: „Markus und ich sind jetzt seit einem Jahr zusammen. Und es ist schön mit ihm. Wären da nur nicht diese immer wiederkehrenden Vergleiche mit seiner Ex. Mara hat dies so und jenes so gemacht. Sie hat ihren Spargel mit

Schinken und nicht wie ich mit Schnitzel gegessen. Mara hat nie so viel Gepäck mit in den Urlaub genommen wie ich usw.

Mich nervt und verletzt das und ich kann überhaupt nicht nachvollziehen, dass ich so verglichen werde. Ich merke immer mehr, wie unwohl ich mich fühle, wenn ich so verglichen werde, und spüre Eifersucht in mir, die ich so nicht kenne und vor allen Dingen nicht will!

Ich weiß, dass die beiden lange zusammen waren und sie haben sich ja auch im Guten getrennt. Sie sind auch immer noch miteinander befreundet und telefonieren ab und an. Ich kann auch nachvollziehen, dass man immer mal wieder an die Vergangenheit erinnert wird – aber muss er mir das jedes Mal aufs Brot schmieren?

Wenn ich ihm sage, dass mich das verletzt, muss ich mir auch noch einen Spruch anhören. Ich glaube, er versteht überhaupt nicht, was ich meine und wie sehr mich das verletzt. Vor allen Dingen merke ich, wie ich mich schon selber beobachte und überlege, ob Mara das jetzt vielleicht auch so gemacht hat. Und schon ist das Gefühl da und mein Kopfkino fängt an zu laufen. Das ist wirklich super anstrengend."

„Das kann ich mir vorstellen, dass das anstrengend ist. Und es sprudelt ja auch geradezu aus Ihnen heraus."

Ich sah Markus an: „Ich vermute mal, dass es für Sie auch nicht so leicht ist. Erzählen Sie mal, wie es Ihnen dabei geht."

Markus nickte: „Vorab: Ich liebe Jana und will auch nur mit ihr zusammen sein. Aber mal ehrlich, wir sind nun beide nicht mehr in dem Alter, wo es keine Vorbeziehungen gegeben hat. Und natürlich kann ich die fünf Jahre mit Mara nicht aus meinem Gedächtnis schneiden. Das will ich auch nicht. Ich bin froh, dass wir damals die Trennung einigermaßen hinbekommen haben und uns auch jetzt immer noch ohne Groll begegnen können.

Dass Jana jetzt so eifersüchtig reagiert, nur weil ich mal sage, dass Mara dieses oder jenes anders gemacht hat, kann ich überhaupt nicht nachvollziehen. Ich kritisiere sie doch damit nicht. So langsam fängt es auch an, mich zu nerven, und ich merke, dass ich immer weniger Lust habe, mich mit diesem Thema zu beschäftigen. Als ob es keine wichtigeren Themen gäbe."

WAS ES FÜR DIE BEIDEN ZU TUN GAB...

Am Anfang einer neuen Beziehung ist es ja gar nicht so unnormal, Vergleiche mit dem oder der Ex zu ziehen. Das macht ja vielleicht auch noch einmal deutlich, was in der neuen Beziehung anders ist. Und natürlich gibt es auch in der neuen Beziehung Momente, die Erinnerungen hervorrufen. Die Frage ist aber, wie ich mit meinen Erinnerungen umgehe.

Mit der neuen Beziehung hatte für Markus auch ein neuer Lebensabschnitt begonnen. Und wenn er die Vergangenheit nicht wirklich ruhen lassen konnte, musste er sich fragen, ob die alte Beziehung tatsächlich abgeschlossen war oder ob es da noch Themen gab, die er mit sich herumtrug, die noch mit Mara geklärt werden mussten. Vergleiche mit der Ex waren der neuen Partnerin gegenüber unfair. Denn Jana ging in diesen Momenten ja davon aus, dass Mara in manchen Situationen einfach besser abschnitt als sie.

Für Jana war es hingegen wichtig zu klären, was genau sie so eifersüchtig machte. Verglich sie sich manchmal selbst mit Mara? Wie sah es mit ihrem Selbstwertgefühl aus? Was konnte sie tun, um sich wertvoller und liebenswürdiger zu fühlen?

Jana und Markus mussten weiter versuchen, offene Gespräche voller Vertrauen und Ehrlichkeit zu führen. Und dabei war es wichtig, den eigenen Ängsten und Befürchtungen Raum geben zu können, ohne dass der Partner, der die Situation natürlich aus ganz anderen Augen sah, dies bagatellisierte oder abwertete. Außerdem empfahl ich auch Ihnen, sich auf ein Codewort zu einigen, das

Markus aufmerksam machen sollte, wenn er Jana wieder mal mit Mara verglich.

In einer weiteren Sitzung erzählten beide, wie es weiterging:

> Jana: „Die letzten Wochen waren sehr anstrengend, aber auch sehr schön. Wir haben tatsächlich an unserer Kommunikation gearbeitet und waren beide bemüht, uns gegenseitig keine Vorwürfe zu machen. Das hat mir sehr gut getan. Ich habe aber auch viel über mich nachgedacht. Und es stimmt. Ich habe mich selbst immer wieder mit Mara verglichen. Jedes Mal, wenn Markus ihren Namen erwähnte, hatte ich das Gefühl, dass sie die Bessere sein muss, dass sie immer alles richtig bzw. so gemacht hat, wie es Markus gefiel. Dass Markus mir aber auch immer wieder gezeigt und gesagt hat, dass er mich liebt, habe ich in diesen Momenten einfach vergessen."
>
> „Das freut mich sehr für Sie. Wie haben Sie das geschafft?"
>
> Jana lächelte und sagte: „Inzwischen ist es wirklich entspannter geworden und wir haben eine Abmachung getroffen, die gut hilft. Sobald Markus doch noch mal in die ,alte Falle Mara' tappt, nenne ich unser vereinbartes Codewort. Dann nimmt er mich kurz in den Arm und wir können für den Moment einen Punkt machen, ohne dass wir immer wieder voller Emotionen über dieses Thema reden müssen. Und erstaunlicherweise spüre ich auch kaum noch Eifersucht, wenn das Wort Mara fällt. Ich kann inzwischen sogar ab und zu auf das Codewort verzichten. Das ist wirklich eine gute Idee von Ihnen gewesen"
>
> „Danke! Markus, und wie ist es Ihnen ergangen?"
>
> Markus machte auch einen entspannten Eindruck: „Ich habe ja wirklich keine Ahnung, warum ich Jana immer wieder mit Mara verglichen habe. Wenn ich ehrlich bin, habe ich mir überhaupt nichts dabei gedacht, und so konnte ich auch wirklich

nicht nachvollziehen, warum sie das so verletzt hat. Inzwischen habe ich aber verstanden, dass mein Verhalten das Unwohlsein und die Eifersucht bei Jana ausgelöst hat, und ich bemühe mich sehr, das zu verändern. Ich merke auch, dass Jana inzwischen viel entspannter ist. Letztens habe ich erzählt, dass ich Mara getroffen habe, und Jana hat völlig gelassen reagiert. Die Codewort-Übung ist tatsächlich eine wirklich gute Idee. Sie hilft mir dabei, auch ein wenig achtsamer zu sein, wenn mein Mund mal wieder schneller ist als mein Hirn."

„Ich bin ganz erstaunt und freue mich wirklich sehr, dass Sie beide etwas für sich und Ihre Beziehung tun. Dass Sie achtsam mit sich und dem anderen sind. Machen Sie weiter so und kommen Sie bitte nur wieder, wenn Sie es alleine nicht hinkriegen."

Bis jetzt sind Jana und Markus noch nicht wieder bei mir gewesen. Ich bekam aber eine Karte aus ihrem Urlaub auf dem nur ihr Codewort stand: SONNE!

Was Sie tun können

Wenn Sie die Eifersucht packt, dann ist es erst einmal wichtig, zu wissen, dass es auch hier nicht um richtig oder falsch, Schuld oder nicht Schuld geht! Es geht auch nicht in erster Linie um Ihren Partner. Und es ist schon gar kein Zeichen von Liebe, eifersüchtig zu sein. Es geht um den eigenen Selbstwert, unterschiedliche Bedürfnisse, was Grenzen, Ängste aber auch Sicherheit angeht, und was einem innerhalb der Beziehung wichtig ist.

* Generell gilt für jede Beziehung: Wenn nicht genügend Nähe vorhanden ist, wird der Nährboden für die Eifersucht geschaffen. Vernachlässigungen und Lieblosigkeiten im Alltag sind ein wunderbarer Dünger, um das Misstrauen ordentlich wachsen zu lassen. Sorgen Sie also für Nähe in Ihrem Beziehungsalltag. Nehmen Sie sich zwischendurch mal wieder in den Arm und küssen Sie sich. Schauen Sie sich in die Augen und geben Sie sich gegenseitig das Gefühl, wichtig und einzigartig für den anderen zu sein. Zeigen Sie Ihrem Partner, dass er die Nummer eins für Sie ist! Eine „Bedrohung" für die Beziehung kommt in der Regel nicht von außen, sondern entsteht meistens im Inneren. Ist eine Beziehung stabil, sind beide Partner zufrieden, kann ein Angebot oder eine Verführung von außen noch so verlockend sein. Der Partner wird es vielleicht wohlwollend zur Kenntnis, aber nicht annehmen.

* Ein stabiles Beziehungsfundament braucht Liebe, Vertrauen, aber auch Verbindlichkeit. Wenn das fehlt, sollte man sich fragen: Was brauche ich von meinem Partner, damit sich meine Angst und meine Eifersucht in Vertrauen und in ein Gefühl von Sicherheit und Nähe verwandeln können? Reicht es zum Beispiel aus, wenn Ihr Partner Ihnen eine kurze Nachricht schickt, wenn er unterwegs ist, oder ist es für Sie angenehmer, wenn er Sie anruft? Und wie ist es für Sie, wenn Sie wissen, dass Ihr Partner sich mit einer Person des anderen Geschlechts trifft? Oder wenn er etwas ohne Sie unternimmt? Was können Sie tolerieren? Wo spüren Sie eine deutliche Grenze? Wo genau beginnt für Sie die Untreue?

* Wenn Sie für sich Klarheit gefunden haben, dann ist es wichtig, mit Ihrem Partner darüber zu sprechen. Er kann nämlich nicht wissen, was Sie wirklich brauchen. Und wenn Sie warten oder hoffen, dass er es irgendwann einmal doch selbst herausfinden müsste, weil er Sie doch schon so lange kennt, dann warten Sie vermutlich Ihr Leben lang und füttern in der Zwischenzeit Ihre Eifersucht, damit sie ordentlich wachsen kann. Also: Formulieren Sie klar, was Sie sich wünschen. Was Sie brauchen. Und denken Sie daran zu sagen, was Sie wollen und nicht, was Sie nicht wollen. Denken Sie an Ihr Navi (s. S. 45), in das Sie auch nur eingeben können, wohin Sie wollen!

* Lassen Sie Ihren Partner das Gesagte noch einmal zusammenfassen. Hat er Sie nicht genau verstanden, machen Sie sich noch einmal verständlich.

* Entscheiden Sie sich gemeinsam dafür, sich an die Hand zu nehmen, um Schritt für Schritt Ihr Ziel „Vertrauen aufzubauen" zu erreichen.

* Versuchen Sie, aktiv zu werden und auch einmal etwas ohne Ihren Partner zu tun. Gehen Sie Ihren eigenen Interessen

nach. Haben Sie dabei Geduld mit sich. Jede Veränderung ist ein Prozess.

* Sollte Ihre Eifersucht, sollten Ihre Ängste trotz aller Versuche nicht kleiner werden, dann möchte ich Ihnen empfehlen, sich Unterstützung von außen zu holen. Manchmal schleppen wir eben noch alte Päckchen aus der Vergangenheit mit uns herum, die uns das Hier und Jetzt schwer machen und angesehen und geklärt werden möchten. Denken Sie daran: Sie müssen nicht alles allein schaffen!

VORWÜRFE, DIE WEH TUN (SOLLEN)

Manchmal lässt sich unser gekränktes, verletztes, wütendes Ich – trotz aller Bemühungen – nicht besänftigen, manchmal fühlen wir uns so hilf- oder machtlos, dass wir den anderen bewusst verletzen. Wir wollen uns rächen. Für das, was man uns „angetan" hat, was man uns vorgeworfen hat, was uns verletzt hat. Dann wollen wir, dass der andere auch leidet. Wir wollen, dass der andere „es" wieder gut macht. Sich entschuldigt, einsieht, dass er uns verletzt hat. Er soll bereuen und immerwährende Besserung geloben.

Dieses Spiel, sich gegenseitig mit Vorwürfen zu überhäufen, ist in etwa so, als würden wir uns gegenseitig mit einem Kaktus bewerfen. Und die fiesen kleinen Stacheln bleiben überall hängen und lassen sich nur schwer ziehen. Und oft entdeckt der Beworfene auch erst lange Zeit später, dass da noch ein Stachel sitzt, weil er sich daran stößt und es plötzlich wieder sehr weh tut. Das sind dann diese besonders beliebten Momente, in denen wieder mal die „ollen Kamellen" auf den Tisch kommen.

WAS SIE TUN KÖNNEN

Bitte beachten Sie: Auch wenn Sie die Vorwürfe, die Ihr Partner Ihnen vor die Füße wirft, überhaupt nicht verstehen oder nachvollziehen können, auch wenn Sie vielleicht sogar der Meinung sind, dass das Thema doch nun schon seit ewigen Zeiten erledigt sein müsste, akzeptieren Sie bitte, dass Ihr Partner aus seiner Sicht, seiner Wahrnehmung, seinem Gefühl einen Grund für diesen Vorwurf hat.

Es gibt immer wieder Situationen, in denen wir unserem Partner die Schuld an dem geben, was uns gerade quer sitzt, uns plagt oder verletzt. An dem, was er getan oder nicht getan, gesagt oder nicht gesagt hat. Ihrem Partner wird es mit Ihnen ähnlich gehen.

Manchmal ist es aber an der Zeit, diese Vorwürfe noch einmal konkret zu benennen, um sie klären und aus der Welt schaffen zu können.

Verabreden Sie also einen passenden Moment, an dem Sie beide Zeit haben und ungestört sind. Achten Sie aber bitte darauf, dass Sie nicht gerade aus einem akuten Streit kommen und sich voller negativer Emotionen gegenüberstehen. Es mag seltsam klingen, aber diese Übung klappt am besten wenn Sie sich gerade sehr nah sind.

* Nehmen Sie sich einige Zettel und schreiben Sie – jeder für sich – die Vorwürfe, die Sie Ihrem Partner machen, auf, alle Verletzungen oder alten Erinnerungen, die immer wieder weh tun, Probleme, die bisher nicht geklärt werden konnten.

* Benutzen Sie für jeden Vorwurf einen Extrazettel.

* Dann entscheiden Sie sich für den wichtigsten Vorwurf, den Sie Ihrem Partner bei dieser Übung mitteilen möchten.

* Schreiben Sie Ihre Vorwürfe bitte genauso auf, wie Sie sie Ihrem Partner am liebsten schon lange mal gerne gesagt hätten. Schreiben Sie also: »Du hast nie Zeit für mich!« Oder: »Du bist nie bereit, dich mit mir über das Thema xy zu unterhalten!«

* Stellen Sie sich nun mit ein wenig Abstand gegenüber, lesen Sie Ihrem Partner Ihren ersten Vorwurf vor und legen Sie Ihm dann den Zettel vor die Füße auf den Boden.

* Ihr Partner hat nun Zeit, sich den Vorwurf noch einmal anzusehen, sich zu erinnern, den Zettel in die Hand zu nehmen, um zu entscheiden: »Ja, diesen Vorwurf kann ich annehmen. Ich versuche, das zu ändern.« Oder: »Du hast recht, es tut mir leid, dass ich bisher zu wenig darauf geachtet habe.«

* Möglich ist aber auch: »Diesen Vorwurf möchte / kann ich nicht annehmen, den lasse ich bei dir.«

* Danach ist Ihr Partner an der Reihe, um Ihnen seinen Vorwurf vor die Füße zu legen.

* Spüren Sie nach, wie es Ihnen geht, wenn Sie Ihren Vorwurf beim Partner abgeben können.

* Wie fühlt es sich an, wenn Ihr Partner einen Vorwurf annimmt und die Verantwortung dafür übernimmt? Können Sie die Entschuldigung annehmen?

* Und wie fühlt es sich an, wenn der Partner Ihren Vorwurf nicht annimmt?

* Spüren Sie aber auch, wie es Ihnen geht, wenn Ihr Partner Ihnen Vorwürfe macht. Wie geht es Ihnen, wenn Sie erkennen, dass er recht hatte. Können Sie sich entschuldigen?

* Überlegen Sie gemeinsam, ob ein gegenseitiger Vorwurf für heute ausreicht oder ob es noch Platz und Kraft für weitere Themen gibt. Sprechen Sie also nach der Übung miteinander über das, was Sie gerade gespürt haben, welche Gedanken und Wünsche gekommen sind. Und überlegen Sie dann zusammen, was Sie in Zukunft tun können, um besser aufeinander zu achten, anders zu kommunizieren, um besser zuzuhören und sich gegenseitig auszuhalten.

Ziehen Sie sich also gegenseitig Ihre Stacheln und haben Sie Geduld. Heilung braucht Zeit.

Wenn wir glauben zu wissen … oder die sich selbst erfüllende Prophezeiung

Ein Klassiker im zwischenmenschlichen Miteinander und Problemgefüge ist die sogenannte *self-fulfilling prophecy,* die sich selbst erfüllende Prophezeiung. Ein Beispiel, das vermutlich jeder von uns schon einmal erlebt hat: Einer wartet und der andere kommt – aus welchem Grund auch immer – zu spät. Und der, der wartet, unterstellt dem anderen generell, immer zu spät zu kommen. Also wird bereits eine halbe Stunde vor dem eigentlichen Termin schon auf die Uhr geguckt und überlegt, ob es denn wohl diesmal klappen wird, rechtzeitig zum Sport zu kommen. Und der, der pünktlich sein soll, steht wieder mal dermaßen unter Druck, weil er doch wieder mal nicht pünktlich aus der Firma gekommen ist und nun im Stau steht.

Beide wissen also: Es gibt Stress! Und beide überlegen schon mal, was sie dem anderen denn dieses Mal vorwerfen oder wie sie sich am besten rechtfertigen können. Und da beide ihr Beziehungsmuster schon lange auf diese ganz bestimmte Art stricken, haben sie beide mit ihren Vermutungen, dass es gleich richtig ungemütlich wird, auch recht. Sie bemerken allerdings beide nicht, dass sie diesen Stress selber kreieren.

Das Problem ist nämlich, dass wir irgendwie immer glauben zu wissen, wie unser Partner tickt. Wie er reagiert, denkt und vor allen Dingen auch, was er in bestimmten Situationen immer macht – oder eben auch nicht. Er kommt immer zu spät und sie meckert immer und hat nie Verständnis. Schließlich haben wir das ja schon oft genug so erlebt.

Und dann drehen wir uns mit unserer „Gewissheit" in unserem Gedankenkarussell immer schneller und in unserem Kopfkino entsteht der Film, der unserer Wahrheit, unserer Wahrnehmung entspricht. Das Gefährliche daran ist, dass sich unsere „Wahrheit" so echt anfühlt, dass wir überhaupt nicht mehr auf die Idee kommen, dass es nur Gedanken sein könnten, die in unserem Kopf herumschwirren. Denken Sie mal an einen Film, der Ihnen Angst gemacht oder Sie gegruselt hat: Das Gefühl war echt, obwohl die Situation nicht real war. So ähnlich ist es mit dem Kopfkino.

Und so drehen wir Drama um Drama in unserem Gehirn. Und weil Gedanken und Gefühle eng miteinander verknüpft sind, spüren wir die von uns kreierte Katastrophe körperlich und seelisch so deutlich, dass wir als Wahrheit annehmen, was doch nur die Gedanken in unserem Kopfkino sind. Und so reagieren wir dann auch. Blöd nur, dass der Partner weder den Film noch das Drehbuch kennt, sondern nur die entsprechende Reaktion erlebt.

DIRK UND CONNI UND DER FERNSEHER

Dirk und Conni waren seit zwölf Jahren ein Paar, nicht verheiratet, hatten auch keine Kinder, aber einen Hund. Und sie kamen zu mir, weil Conni mit dem Gedanken spielte, sich von Dirk zu trennen.

> Connie erklärte, was sie umtrieb: „Ich will das so alles nicht mehr. Ich habe das Gefühl, dass alles wichtiger ist als ich. Der Hund, die Arbeit und der Sport auf allen möglichen Kanälen. Sogar wenn wir im Bett liegen, kann er die Fernbedienung nicht aus der Hand legen. Ich habe ihm bestimmt schon tausendmal gesagt, wie sehr mich das nervt. Wenn er nach Hause kommt, weiß ich schon ganz genau, was dann passiert!"
>
> „Was passiert denn dann?"
>
> „Er fragt – ohne mich anzusehen –, was es denn Neues gibt, setzt sich dann ins Wohnzimmer und macht den Fernseher an. Dann bin ich schon satt und gehe in ein anderes Zimmer."

Ich fragte Dirk: „Wie ist das denn für Sie, nach Hause zu kommen?"

„Naja, ich kenne das ja schon zur Genüge und weiß schon, wie der Abend verlaufen wird, wenn ich nach Hause komme. Außerdem muss ich mir ja nur ihren Gesichtsausdruck ansehen und dann weiß ich, wie sie wieder drauf ist. Und bevor ich mir ihr Gemotze anhöre, verziehe ich mich lieber und gucke fern. Dann hab ich meine Ruhe."

Ich wandte mich wieder Conni zu: „Conni, woher wissen Sie denn eigentlich so genau, was passiert, wenn Dirk nach Hause kommt? Haben Sie eine Glaskugel?" Dabei lächelte ich beide an.

Conni antwortete wie aus der Pistole: „Ich brauche keine Glaskugel, es ist nämlich immer so, wie ich es eben beschrieben habe!"

„Immer? Was haben Sie beide denn schon mal versucht zu ändern, damit es nicht immer so anstrengende und nervige Abende gibt?"

Conni überlegte: „Naja, ich sage ja schon nichts mehr, wenn er sich hinter seinem Fernseher versteckt. Und jeden Tag versuche ich mich nicht über ihn zu ärgern. Aber es klappt nicht. Schon kurz bevor er nach Hause kommt und ich nur daran denke, wie der Abend wieder verlaufen wird, kriege ich schlechte Laune."

Dirk konnte das nur bestätigen: „Genau! Und die bekomme ich dann ab. Ich kann dir ja sowieso nichts mehr recht machen!"

Tja, so ticken wir Menschen nun mal. Gedanken machen Gefühle und Gefühle wiederum Gedanken. Und da wir dazu neigen, am liebsten recht haben zu wollen, tun wir bewusst und unbewusst auch alles dafür, um hinterher sagen zu können: „Hab ich doch gewusst, dass er genau so reagiert, dass genau das wieder passiert!" Wenn also der Partner tatsächlich fünf Minuten zu spät kommt, haben wir bereits unser „Genervtgesicht" aufgesetzt. Und das wirft bei unserem Partner wiederum das eigene Kopfkino an und bestätigt seine eigenen Ahnungen. Wir fragen nicht mehr, was los war, sondern überschütten uns gegenseitig mit Vorwürfen und Unterstellungen. Und so setzt sich das System der gegenseitigen Selbstbestätigung immer weiter fort.

WIR HABEN KEINE GLASKUGEL

In diesen Situationen sind wir so in unserem eigenen Negativ-Modus gefangen, dass wir nur noch in eine Richtung gucken, denken und fühlen können. Wir drehen uns im Kreis und kommen keinen Schritt weiter. Das sind die „Du machst ja immer"- oder „Du machst ja nie"-Situationen, in denen wir dem Partner Vorhaltungen machen und ihm zeigen, wie unzufrieden wir sind.

In diesen Momenten macht es durchaus Sinn, innezuhalten, tief Luft zu holen und die Situation noch einmal zu überdenken. Stimmt es wirklich, was Sie gerade denken, vorwerfen, anklagen? Macht Ihr Partner tatsächlich nie oder immer?

Denken Sie also ab sofort daran: Sie haben keine Glaskugel, Sie können nur vermuten, aber nicht wissen, was Ihr Partner denkt / fühlt / meint. Fragen Sie also lieber einmal nach, bevor Sie so reagieren, wie in dem Drehbuch in Ihrem Kopfkino. Denn auch wenn Sie bestimmte Momente schon 100 Mal erlebt haben, heißt das nicht, dass es beim 101. Mal wieder genau so sein wird!

DIE GESCHICHTE VOM HAMMER

Dazu passt die Geschichte vom Hammer von Paul Watzlawick aus seinem Buch: „Anleitung zum Unglücklichsein" Dort beschreibt er einen Mann, der gerade umgezogen ist und auf jeden Fall am gleichen Abend noch ein Bild aufhängen möchte. Er hat nur ein

Problem: Er findet in dem ganzen Umzugschaos seinen Hammer nicht. Also überlegt er, wo er nun so ein Teil herbekommen könnte.

Da fällt ihm ein, dass er sich ja bei dem neuen Nachbarn einen Hammer ausleihen könnte. Im gleichen Moment erinnert er sich aber auch daran, dass er schon mal einen Nachbarn hatte, der sich mit seinem Werkzeug wahnsinnig zimperlich angestellt hatte und einfach nicht bereit war, ihm eine Zange auszuleihen. Dabei war er selbst immer sehr großzügig und ging mit geliehenen Dingen immer sehr achtsam um. Und selbst wenn er einmal etwas kaputt machen würde, wäre es doch wohl selbstverständlich, dass er dann für Ersatz sorgen würde!

Und so dachte er sich immer mehr in Rage, bis er fest davon überzeugt war, dass der neue Nachbar genauso wie der ehemalige Nachbar reagieren würde. Außerdem hatte er ihn gestern im Treppenhaus getroffen und festgestellt, dass der Nachbar ihn nicht besonders herzlich gegrüßt hatte.

Voller Empörung klingelte er dann beim neuen Nachbarn und schrie ihn, als der die Tür öffnete, an, dass er doch seinen Scheißhammer behalten solle!

Und? Erinnern Sie sich an ähnliche Momente in Ihrer Partnerschaft? Kennen Sie diese oder ähnliche Filme aus Ihrem Kopfkino?

Was Sie tun können

* Wenn Sie bemerken, dass Sie Ihr Kopfkino eingeschaltet haben, sagen Sie ruhig einmal ganz laut „STOPP" zu sich. Und dann ziehen Sie sich aus der aktuellen Situation heraus und fragen sich: Wie wahr ist das, was ich gerade denke? Wie groß ist die Wahrscheinlichkeit, dass es tatsächlich wieder genau so wird, wie ich es befürchte? Und was kann ich selber tun, damit es diesmal ganz anders wird?

* Entscheiden Sie sich in einer dieser typischen Kopfkino-Situationen, einmal etwas ganz anders zu machen, als Ihr Partner es von Ihnen erwartet. Wenn Ihr Partner also das nächste Mal wieder zu spät kommt, dann begrüßen Sie Ihn freundlich mit einer Umarmung und einem Kuss und fragen Sie, wie denn sein Tag so war. Sagen Sie, dass das Essen in der Küche steht und Sie nun zum Sport fahren und sich freuen, wenn er noch wach ist, wenn Sie zurückkommen.

* Und umgekehrt: Wenn Sie zu spät nach Hause kommen und bemerken, dass Ihr Partner wie immer genervt auf Sie reagiert, dann reagieren Sie doch auch einmal ganz anders als sonst. Gehen Sie weder auf die Mimik noch auf entsprechende Kommentare ein, sondern reagieren Sie, als wären Sie liebevoll begrüßt worden.

Ich weiß, dass damit die Probleme nicht aus der Welt sind. Wer immer zu spät kommt, mit oder ohne Gründe, wird damit nicht pünktlicher. Aber Sie lernen auf diese Weise, sich nicht immer und immer wieder in diesen fatalen Mechanismus der sich selbst erfüllenden

Prophezeiung hineinziehen zu lassen. Sie haben es also ein bisschen selbst in der Hand, wie die nächste Begegnung mit Ihrem Partner verlaufen kann.

Ich weiß natürlich auch, dass das nicht immer einfach ist, aber es lohnt sich, es einmal auszuprobieren. Die Reaktion Ihres Partners auf Ihr unerwartetes Verhalten allein ist diese Mühe schon wert.

WAS DIRK UND CONNI KÖNNEN, DAS KÖNNEN SIE AUCH!

Dirk und Conni konnten mit meiner Hilfe schließlich für sich klären, worum es ihnen in ihren Auseinandersetzungen und Vorwürfen tatsächlich ging. Und beide waren sehr erstaunt, als sie herausfanden, dass sie von ihren Bedürfnissen und Wünschen gar nicht so weit voneinander entfernt waren. Beide fühlten sich nicht gesehen, beide hatten hohe Erwartungen an den anderen. Und beide hatten ähnlich aufeinander reagiert. Statt ganz klar zu kommunizieren, wurden nur Andeutungen gemacht, nonverbale Signale gesetzt, die der Partner dann in seinem eigenen Bewertungssystem ausgewertet hatte, um dann entsprechend zu reagieren, was bei dem anderen … Ach, Sie wissen schon!

> Conni: „Mir ist irgendwann klar geworden, dass ich mich tatsächlich selber immer in Rage gedacht habe. Ich wollte, dass er für meine blöden Gefühle büßen sollte und habe mich entsprechend verhalten. Außerdem musste ich eingestehen, dass Dirk ja tatsächlich nicht immer zu spät kam. Es war schon wie ein Automatismus: Zur Uhr gucken – schlechte Laune kriegen. Inzwischen achte ich darauf und versuche mich abzulenken, aber vor allen Dingen frage ich mich immer öfter: Macht es heute tatsächlich etwas, wenn er ein paar Minuten zu spät kommt?"

Dirk: „Ich kann Ihnen gar nicht sagen, wie angenehm es gerade ist, nach Hause zu kommen. Ich freue mich auf Conni und unser Zusammensein. Ich habe übrigens auch etwas geändert: Wenn ich tatsächlich bemerke, dass ich nicht pünktlich sein kann, dann rufe ich kurz an. Das klappt ganz gut und ich hoffe, alles andere kriegen wir auch noch hin. Ein Anfang ist jedenfalls gemacht."

Von Ameisen und Paaren

Sie fragen sich sicher, was Ameisen und Paare miteinander zu tun haben. Auf den ersten Blick eigentlich nichts. Aber nur auf den ersten Blick. Wenn ich nämlich in meiner Praxis mal wieder ein Paar vor mir habe, das sich im Beziehungs-Kreis dreht, erzähle ich in den Sitzungen gerne von einem südamerikanischen Ameisenvolk.

Es gibt in Südamerika nämlich ein Wanderameisenvolk, das nach zwei Regeln lebt:

1. Hast du einen Ameisenhintern vor dir, folge ihm, denn er führt dich zum Futter.

2. Hast du keinen Ameisenhintern vor dir, bist du dafür verantwortlich, Futter für dein Volk zu finden.

Nun geschieht es aber immer wieder, dass die Ameisen fleißig hintereinander herrennen, aber irgendwann, vermutlich weil die eine oder andere Ameise mal unaufmerksam war, plötzlich im Kreis laufen. Jeder hat also dann irgendwann einen Hintern vor sich und ist der Meinung, dass das der richtige Weg zum Futter sein muss. Wenn die Ameisen auf Futtersuche nun aber ewig im Kreis herum laufen, würden sie irgendwann alle verhungern.

Manchmal haben die fleißigen Tierchen allerdings ein bisschen Glück und es passiert etwas Unvorhergesehenes, nämlich eine Störung. Ein Vogel pickt sich zum Beispiel ein paar Ameisen aus dem Kreis heraus oder ein Blatt fällt zwischen die einzelnen Tierchen. In diesem Fall wird der Abstand zwischen einem zum nächsten Ameisenhintern wieder größer und die Ameise, die plötzlich keinen Ameisenhintern mehr vor sich hat, geht sofort wieder in den Futtersuchmodus über. Es wird ein anderer Weg eingeschlagen und die Wahrscheinlichkeit, dass die Ameisen überleben, ist ziemlich groß. Vorausgesetzt, sie bleiben achtsam. Sie wissen schon!

Manchmal ist eine Störung – so schlimm sie im ersten Moment auch sein mag – gut und rettet, wie in diesem Fall, das Leben eines ganzen Ameisenvolkes. Sie kann, um den Bogen zu den Problemen von Paaren zu schlagen, aber auch eine Beziehung retten.

DIE KRISE ALS CHANCE

Störungen oder Krisen können als Chance genutzt werden, etwas in der Beziehung zu verändern, zu verbessern und neue Ziele und Möglichkeiten des Zusammenlebens zu schaffen.

Krise bedeutet also nicht generell: Wir „verhungern", wir müssen uns trennen. Krise kann auch bedeuten: Lass uns zusammen achtsam sein und gemeinsam etwas tun, damit es besser, anders, schöner mit uns wird.

Wir Menschen haben es ein bisschen besser als die kleinen fleißigen Tierchen. Uns stehen etliche Möglichkeiten zur Verfügung, wenn wir uns mit unserem Partner im Kreis drehen.

Nutzen Sie also alle Störungen in Ihrer Beziehung als ein Angebot für Veränderungen. Ich war selbst einmal so eine Störung für ein Paar:

HENRI UND MARLIES LIEFEN WIE AMEISEN IM KREIS

Henri und Marlies, beide um die Vierzig, gut situiert, keine Kinder, kamen zu mir in die Praxis. Kaum saßen sie auf ihren Stühlen, kaum hatte ich gefragt, was der Grund für ihr Kommen sei, fing Marlies an, sich über Henri zu beschweren:

„Seit über zehn Jahren mache ich das nun mit. Und er kapiert wirklich nichts! Ich weiß gar nicht, wie oft ich ihm bestimmte Dinge sagen muss, bevor er auch nur ansatzweise versteht, was ich von ihm will! Ich meine, ich spreche doch nicht chinesisch und er kann doch auch selber mal mitdenken!"

„Das hört sich ja fürchterlich an. Er macht also nie etwas wirklich richtig? So überhaupt nichts? Nie?"

Marlies fiel mir ins Wort und auch Henri, der ansetzte, etwas zu sagen, war sofort wieder still. „Naja, was heißt schon nie? Aber wenn ich ehrlich bin, weiß ich auch gar nicht, wie lange ich das so noch aushalten kann. Wissen Sie, erst gestern hatten wir wieder so eine Situation. Ich sage zu Henri, er soll das Kaminholz reinholen, bevor es anfängt zu regnen. Und was soll ich Ihnen sagen? Er macht es natürlich nicht und nun haben wir den Salat. Das Holz ist nass. Und letzte Woche..."

Diesmal unterbrach ich sie: „Also Henri macht so gar nichts richtig, oder?"

Sie nickte, wollte weitersprechen und als ich die Hand hob, um Stopp zu signalisieren, sagte sie: „Wieso unterbrechen Sie mich eigentlich andauernd? Das finde ich ja unmöglich."

„Ja, das kann ich verstehen. Aber wissen Sie, das ist mein Job, dafür bezahlen Sie mich!"

Marlies schnappte hörbar nach Luft: „Dann sage ich jetzt gar nichts mehr!"

Ich schaute Henri an und fragte ihn: „Sagen Sie mal – wie geht es Ihnen eigentlich? So wie ich es gerade verstanden habe, machen Sie ja wohl so gar nichts richtig. Ihre Frau sagte eben sogar, dass sie nicht wüsste, wie lange sie das noch aushalten könne. Haben Sie eigentlich auch schon einmal überlegt, wie lange Sie das mit Ihrer Frau, der Sie es ja anscheinend so gar nicht und vor allen Dingen nie recht machen, noch aushalten?"

Beiden stockte der Atem, beide guckten sich das erste Mal in dieser Sitzung an, waren zutiefst empört: „Also das ist ja wohl der Gipfel! Das ja wohl unmöglich, wie Sie hier mit uns sprechen. So was kann man doch nicht einfach so sagen! Und Sie als Therapeutin! Dürfen Sie das?"

Ich sagte dazu nichts, schaute beide freundlich an und wartete erst einmal.

Henri nickte und rutschte plötzlich mit seinem Stuhl ein wenig näher an Marlies heran. Die beiden waren sich plötzlich sehr einig, aber auch sehr nah, als sie sich zusammen gegen mich, die „unmögliche Therapeutin", verbündeten.

Ich habe mich sehr gefreut in dem Moment, denn es wurde schlagartig klar: Da war also doch noch etwas Gutes zwischen den beiden. Und dann fing Henri plötzlich an zu reden:
„Meine Frau ist eine gute Partnerin, und Sie können mir glauben, dass ich sie immer noch genauso liebe wie früher! Und zwar mit all ihren Macken. So war sie ja schon immer. Immer ein bisschen auf Krawall gebürstet, aber das war es damals auch, was mir irgendwie gefallen hat. Sie hat nie ein Blatt vor den Mund genommen."
Henri nahm plötzlich Marlies Hand und sprach sie direkt an: „Ja, du meckerst wirklich ein bisschen viel, aber manchmal hast du ja auch recht, dich zu beschweren. Ich bin ja auch nicht so einfach und kann sehr stur sein. Wenn ich jetzt mal so darüber nachdenke, dann ist es ja auch kein Wunder, dass du dann schnell auf der Palme bist."
Und zu mir gewandt: „Wissen Sie, Frau Kaddik, Sie denken jetzt vielleicht, dass alles bei uns schlecht ist. Aber dem ist nicht so. Wir verbringen viel Zeit miteinander, die schön ist. Auch im Alltag. Marlies kann übrigens unheimlich gut kochen, und ich liebe ihr Lachen. Aber um Ihre Frage zu beantworten: Ich kann

Marlies sehr wohl aushalten. Für mich gibt es keinen Grund, mich zu trennen." Um dann einen kleinen Moment später noch nachzuschieben: „Auch wenn es manchmal anstrengend ist."

Ich sah zu Marlies, die gerührt auf ihrem Stuhl saß und weinte. „Marlies, was sagen denn Ihre Tränen gerade?"

Sie guckte mich an und sagte: „Sie immer mit Ihren komischen Fragen."

Ich nickte nur und wartete. Und dann sagte Marlies: „Es tut mir leid, dass ich immer so auf Henri rumgehackt habe. Aber in diesen Momenten bin ich immer so unglücklich, weil ich mich von ihm so allein gelassen und nicht gesehen fühle. Und dann sprudelt mein Frust einfach so aus mir raus."

Henri nahm ihre Hand und begann sie zu streicheln.

„Sie haben ja vorhin erwähnt, dass Henri so gar nichts richtig macht. Wenn Sie jetzt nochmal in sich hineinspüren, ist das tatsächlich so?"

„Nein, natürlich nicht. Er ist zuverlässig und humorvoll. Im Gegensatz zu mir kann er wunderbar backen. Und er kann mich aushalten und mir immer wieder verzeihen. Das ist mir jetzt gerade bewusst geworden."

Ich schlug den beiden vor, in Zukunft ein wenig achtsamer zu sein um weitere positive Eigenschaften des anderen zu suchen, um sie anerkennen, aber auch mitteilen zu können.

Es war das erste Mal nach so langer Zeit, dass beide sich wieder angesehen und gespürt und sich vor allen Dingen auch gegenseitig zugehört hatten und spürten, dass da noch etwas ist, dass sie dem anderen nicht egal sind. Im Gegenteil, sie konnten sich an diesem Tag das erste Mal seit langer Zeit wieder etwas Positives mitteilen. Sie erkannten darüber hinaus, dass ihr Beziehungsfundament zwar einen ordentlichen Riss hatte, sie aber beide bereit waren, ihn mit dem „Gold", das sie in dieser Sitzung „geschürft" hatten, zu füllen.

Als die beiden nach einigen Wochen wieder in die Praxis kamen, erzählten sie, wie gut es ihnen inzwischen miteinander ginge. Anfangs sei es nicht so einfach gewesen, das alte Strickmuster zu verändern, aber mit dem verabredeten Codewort „Malta" – ihre Lieblingsinsel, auf der sie viele schöne Momente zusammen erlebt hatten – erinnerten sie sich gegenseitig immer wieder an ihre Abmachung. Wann immer Henri das Codewort nannte, wusste Marlies, dass sie sich im „Motzmodus", wie sie es nannten, befand.

Und wann immer Marlies das Codewort nannte, wusste Henri, dass er eine gemeinsame Vereinbarung vergessen hatte. Beide konnten in dem Moment ein bisschen innehalten und für sich überlegen, um was es denn gerade tatsächlich ging. Sie nutzten aber auch die Zeit miteinander, um sich im Alltag Gutes zu tun und genossen die neue Nähe sehr.

Was Sie tun können

Kommen wir mal wieder zu den Ameisen zurück: Im Fall von Marlies und Henri war ich – durch meine „unmöglichen Fragen" – das Blatt, das zwischen die sich im Kreis drehenden Ameisen gefallen war oder besser gesagt: Ich war die Störung! Marlies und Henri nutzten ihre Chance, aus dieser Störung Klarheit und Nähe entstehen zu lassen. Und das können Sie auch.

✳ Seien Sie achtsam. Versuchen Sie zunächst einmal, diese anstrengenden Momente oder Situationen, in denen Sie sich immer wieder im Kreis drehen, zu erkennen und zu benennen.

✳ Überlegen Sie, um was es gerade oder immer wieder tatsächlich geht. Und dann „stören" Sie diesen Teufelskreislauf, indem Sie einmal etwas ganz anders machen als sonst.

✳ Sie können die festgefahrene Kommunikation mit ganz Banalem lösen. Sagen Sie also ruhig einfach mal: „Ja, stimmt, du hast ja recht."

✳ Sie können den gewohnten Teufelskreislauf auch mit etwas Absurdem oder mit Komik stören. (Und es geht dabei nicht darum, sich lustig über den anderen zu machen oder das, was ihm wichtig ist, zu bagatellisieren! Achten Sie also bitte genau darauf, in welcher Situation Sie sich beide gerade befinden!) Und wenn Ihr Partner Ihnen wieder mal mit der üblichen Litanei etwas vorwirft, dann schauen Sie auf Ihre

Uhr und sagen einfach: „Es ist jetzt übrigens Viertel vor Zwölf!" oder „Möchtest du einen Keks?" – und dann schauen Sie mal, was passiert…!

Wenn die Trauer Wege sucht

Wir alle kennen das Gefühl der Trauer seit unserer Geburt. Verlust, Abschied und Trennung gehören zu unserem Leben. Die Trauer hilft uns, mit diesen schmerzlichen Erlebnissen umzugehen. Sie nämlich ist es, die uns einlädt, uns auf den schwierigen Prozess des Abschiednehmens einzulassen.

Unsere Seele trägt in sich die Fähigkeit, Verlust und die damit verbundenen Veränderungen wahrzunehmen, zu verarbeiten und sich darauf einzustellen. Allerdings lässt sich dieser schmerzhafte Prozess nicht steuern und schon gar nicht beschleunigen. Heilung ist nur möglich, wenn wir unserer Seele einen Raum und den eigenen Rhythmus zum Trauern geben und uns darauf einlassen, dass diese Trauer für einen unvorhersehbaren Zeitpunkt uns und unser Leben komplett und unberechenbar verändert.

In einer Trauersituation ist das eigene Leben plötzlich verrückt. Nichts ist mehr so, wie es einmal war. Das macht Angst und lässt einen verzweifeln. Und auch erst mit Abstand lässt sich verstehen, dass es gar nicht so verrückt ist, auf diese neue ver-rückte Realität auch entsprechend zu reagieren.

Viele Trauernde verstehen sich und das, was mit und in ihnen nach dem Verlust eines geliebten Menschen passiert, nicht mehr. Für viele ist es quälend, diese Gefühle nicht in Worte fassen zu können, um sich anderen in ihrer Not mitzuteilen. Trauer schmerzt. Trauer tut weh, als würde es einem das Herz zerreißen. Es gibt nichts, was Trost spenden könnte. Das Leben erscheint sinnlos und qualvoll.

Wir müssen uns ja nicht nur von einem geliebten Menschen verabschieden, sondern auch von unserem bisherigen eigenen Leben und den gemeinsamen Wünschen und Zielen. Es ist ein Abschied von einem Leben das so, wie es geplant oder gewünscht wurde, nicht mehr weiter gelebt werden kann. Ein wichtiger Mensch fehlt plötzlich, und es ist kaum auszuhalten, dass das Leben um einen herum einfach so weiter geht.

OLIVER UND ANJA UND DIE UNTERSCHIEDLICHEN GESICHTER DER TRAUER

Oliver rief in der Praxis an, um für sich und seine Frau Anja einen Termin zu vereinbaren. Es ging in diesem Fall aber nicht wirklich um ein Beziehungsproblem, erklärte er mir am Telefon. Es ging um seine Frau, um die er sich große Sorgen machte. Als beide dann zu mir in die Praxis kamen, begann Oliver ausführlich zu erzählen.

„Anjas Mutter ist vor sechs Monaten gestorben. Sie war eine ganz wichtige Bezugsperson für meine Frau und ich kann verstehen, dass sie sehr traurig ist. Ich bin es ja auch. Meine Schwiegermutter war lange krank und aus meiner Sicht war es eine Erlösung für sie. Sie ist ganz ruhig und ohne Schmerzen eingeschlafen. Das ist doch ein Trost und außerdem – das Leben geht doch auch weiter.

Trotzdem kann Anja einfach nicht aufhören zu trauern. Immer wieder sitzt sie vor dem Bild ihrer Mutter oder vor den Familienalben und weint sich die Seele aus dem Leib. In diesen Momenten komme ich überhaupt nicht an sie ran und all mein Bemühen sie zu unterstützen, lehnt sie unwirsch ab.

Ich sage ihr dann immer, dass sie sich doch mit den Bildern nicht so quälen soll. Sie soll sich mal ablenken. Ich meine es doch nur gut. Außerdem denke ich, dass es irgendwann auch einmal gut sein muss mit dem Trauern. Dass man loslassen muss, damit das Leben weitegehen kann. Und dass Anja immer noch die Wolljacke ihrer Mutter trägt, kann ich überhaupt nicht nachvollziehen!

Ich weiß langsam nicht mehr, was ich noch tun soll. Sie hört ja nicht auf mich. Im Gegenteil, Anja wird manchmal richtig wütend auf mich. Das kenne ich sonst so gar nicht von ihr."

Anja saß, während Oliver erzählte, weinend auf ihrem Stuhl und schüttelte die ganze Zeit ihren Kopf.

„Anja, ich möchte Ihnen mein Beileid aussprechen. Jemanden zu verlieren, den man liebt, ist wirklich schwer auszuhalten. Und wenn man ein Elternteil verliert, dann hat das nochmal eine ganz besondere Bedeutung. Und da spielt es überhaupt keine Rolle, wie alt man ist oder wie alt oder krank die Mutter oder der Vater war. Wie geht es Ihnen gerade, wenn Sie hören, was Oliver gesagt hat?"

Anja sah mich an und sagte: „Danke, genau so fühlt es sich an. Ich habe das erste Mal seit langem das Gefühl, dass mich jemand versteht.

Ich bin fassungslos, wie Olli gerade mit mir umgeht. Ich habe das Gefühl, falsch zu sein. Er wird so schnell wütend, wenn ich seine Vorschläge nicht annehmen möchte. Das verunsichert mich zu all der Trauer zusätzlich. Ich würde mich am liebsten verkriechen.

Meine Mutter war der wichtigste Mensch in meinem Leben. Ja, sie war sehr krank und ich konnte es auch kaum noch ertragen, wie sehr sie sich gequält hat. Und trotzdem bin ich so unendlich traurig und vermisse sie so sehr, dass es weh tut."

„Das dürfen Sie auch sein. Was hilft Ihnen bei Ihrer Trauer?"

Anja erzählte, wie sie versuchte, den Verlust ihrer Mutter zu verarbeiten: „Ich habe mir eine kleine Trauerecke eingerichtet mit ihrem Bild, einer Kerze und ihren Lieblingsblumen. Da sitze ich oft und denke an sie. Ich fühle mich ihr dann so nah.

Meine Mutter hat mir kurz vor ihrem Tod ihre Wolljacke geschenkt. Sie hat mir gesagt, dass ich sie anziehen soll, wenn ich mich einsam fühle. Dann soll ich daran denken, dass sie mich umarmt und bei mir ist. Mich tröstet das sehr. Olli kann das aber überhaupt nicht nachvollziehen. Im Gegenteil. Er meint, dass es doch nun so langsam mal gut sein muss. Es ist doch jetzt schon über ein halbes Jahr her. Aber man kann doch Trauer nicht einfach wegknipsen. Sie ist eben da. Mal mehr und mal weniger. Ich kann das gar nicht steuern. Und ich will Mama auch nicht loslassen. Ich will sie nicht vergessen.

Wenn Olli dann zu mir kommt und mir sagt, was ich alles tun und lassen soll, um nicht mehr zu trauern, dann werde ich richtig wütend. Dann streiten wir uns und ich fühle mich allein gelassen und unverstanden. Ich weiß doch selber nicht, was da gerade in mir passiert."

„Oliver, was fühlen Sie gerade, wenn Sie Anja hier so traurig und weinend sitzen sehen?"

„Ich kenne das ja. Das ist ja auch der Grund, weshalb ich den Termin wollte."

„Ja, und was fühlen Sie gerade?"

Oliver fing plötzlich an, bitterlich zu weinen: „Ich fühle mich unsicher, hilflos und traurig. Und ich habe Angst!"

Ich schaute zu Anja, die Oliver ansah, als sähe sie ihn zum ersten Mal und dann sagte: „Schatz, ich wusste nicht, dass du dich so hilflos und unsicher fühlst. Du hast immer so cool getan und ich hatte immer den Eindruck, dass du genervt bist. Über mich und meine Trauer."

Oliver schluchzte: „Ich bin doch auch traurig, dass Siggi tot ist."

Beide nahmen sich in den Arm und trösteten sich das erste Mal gegenseitig.

JEDER HAT SEINEN EIGENEN RHYTHMUS

Trauer hat so viele unterschiedliche Gesichter und jeder, der einen geliebten Menschen verloren hat, muss seinen eigenen Trauerweg gehen. Das bedeutet, den eigenen Rhythmus, die eigene Zeit und die eigene Herangehensweise zu finden. Es gibt keine richtige oder falsche Trauer und es gibt keinen passenden Zeitpunkt, wann Trauer aufzuhören hat. Trauer hört nämlich nie wirklich auf. Aber sie verändert sich und man kann lernen, mit dem Verlust zu leben.

Anja achtete intuitiv sehr gut auf sich und versuchte, alles zu tun, um ihrer Trauer Raum zu geben.

Oliver ging es auch nicht gut. Auch er war traurig, ging aber anders mit seiner Trauer um. Ihm half es, sich abzulenken, um den Schmerz nicht so zu spüren. Und weil ihm das half, war es aus seiner Sicht nur logisch, das auch Anja vorzuschlagen. Er bemühte sich halt auf seine Art, Anja zu unterstützen.

Sie aber mochte keine Lösungen, sie wünschte sich nur, dass er sie in ihrer Trauer ausgehalten hätte, dass sie über ihre Mutter hätte sprechen können, auch wenn einiges – gefühlt – schon hundertmal gesagt war.

Wenn sie sich selber sprechen hörte, dann hörte sie, dass es wahr war, dass ihre Mutter wirklich tot war. Sie wünschte sich, dass Olli dann nur da war und zuhörte, anstatt zu sagen, dass sie das alles schon mehrfach gesagt hatte. Diese Wiederholungen halfen ihr dabei, das Unfassbare fassbar zu machen.

Oliver, aber auch Anja erkannten in dieser Sitzung, dass sie ganz unterschiedlich mit ihrer Trauer umgingen und dass es dabei kein richtig oder falsch gab. Sie wussten nun, dass es wichtig ist, sich gegenseitig zu unterstützen, sich gegenseitig aber auch in der Unterschiedlichkeit auszuhalten.

Oliver konnte weinen und sich selber eingestehen, dass auch er trauerte. Nur eben anders als Anja.

Es ist wichtig, über die eigenen Gefühle, Sorgen, Wünsche und Bedürfnisse, aber vor allen Dingen auch über Ängste sprechen zu können, sich auszutauschen und dem anderen zu sagen, was einem gerade wichtig ist.

Manchmal fehlen einem allerdings die Worte, manchmal trauert jeder für sich so sehr und es fehlt an Kraft, den anderen zu unterstützen. Dann sollte man sich nicht scheuen, sich Hilfe bei einem Trauerberater, Therapeuten oder einer Trauergruppe zu holen.

Verzeihen lernen – damit Verletzungen heilen können

Egal, wie sehr wir uns auch bemühen: Es wird uns nicht gelingen, niemanden zu verletzen oder selbst nicht verletzt zu werden. Verletzungen entstehen ja nicht nur in dramatischen Situationen, wenn zum Beispiel einer der Partner fremdgeht. Es sind eher die kleinen „Nebensächlichkeiten" im Alltag. Wenn der eine sich nicht an Verabredungen hält oder seine Wut ständig am anderen auslässt oder großzügig Schuldzuweisungen verteilt oder einfach nicht zuhört oder oder oder – Sie kennen sicher genügend eigene Beispiele.

Und nicht selten sammeln die Betroffenen diese Verletzungen, lassen diese kleinen oder großen Stacheln in ihrer Seele stecken. Schließlich will man ja auch nicht immer so empfindlich sein, nicht wegen jeder Kleinigkeit ein Fass aufmachen, man will cool sein oder man ist es einfach auch müde, immer wieder auf all diese „kleinen Stiche" zu reagieren. Manchmal sind wir aber auch einfach nicht in der Lage, die passenden Worte für unsere Empfindungen zu finden. Und so schlucken wir all die negativen Gefühle, die durch diese Verletzungen hervorgerufen werden, herunter, anstatt uns zu erlauben, unserem Partner direkt und ganz klar zu sagen, was uns da gerade verletzt hat.

Doch irgendwann bringt der berühmte letzte Tropfen das Fass zum Überlaufen – und dann knallt es. Und anstatt dann endlich zu sagen, um was es tatsächlich geht, sind wir nullkommanix im nächsten Streit und verletzen uns gegenseitig erneut – und zwar jeder, so gut er kann und auf seine ganz besondere Art und Weise. Am Ende machen wir uns damit vor allem eins: das Leben schwer. Manchmal sogar ein ganzes Beziehungsleben lang.

INGRID UND KARL UND DER
SCHMERZHAFTE STACHEL

Ingrid und Karl, beide 70 Jahre alt und seit fast 50 Jahren verheiratet, kamen zu mir in die Sitzung. Ich begrüßte die beiden und eröffnete das Gespräch.

„Auf den ersten Blick sehen Sie für mich wie ein Paar aus, das sich gut versteht. Was führt Sie denn her?"

Ingrid begann: „Ja, nach außen hin wirken wir immer noch wie ein Traumpaar. Das sagen jedenfalls unsere Freunde."

„Und was sagen Sie?"

Ingrid fing an zu weinen. „Ja, irgendwie stimmt es ja auch. Und trotzdem halte ich es einfach nicht mehr aus: Er nimmt mich nicht ernst!"

„Es? Er?"

„Naja, Karl, mein Mann, nimmt mich nicht ernst!"

Karl ging dazwischen: „Ingrid, wirklich – ich nehme dich ernst. Aber diese ollen Kamellen!"

Ingrid: „Da hören Sie es ja – jetzt fängt er schon wieder an. Jedes Mal, wenn ich mit dem Thema anfange, fällt er mir ins Wort, bagatellisiert alles und sagt, dass ich endlich aufhören soll, diese ollen Kamellen immer wieder aufzuwärmen. Ich bin so wütend! Und er versteht einfach nicht, was er mir angetan hat!"

Ich wandte mich Karl zu: „Was hat es denn mit den ollen Kamellen auf sich?"

Karl rutschte auf seinem Stuhl hin und her und ich hatte den Eindruck, dass er froh war, endlich seine Version erzählen zu können.

„Wissen Sie, das, was Sie eben gesagt haben, das stimmt. Ingrid ist meine Traumfrau – inzwischen seit fast 50 Jahren! Wir hatten es nicht immer leicht, aber wir hatten bisher ein schönes Leben zusammen"!

„Aber?"

„Ich kann es einfach nicht mehr hören und es vergeht seit einigen Monaten kaum eine Woche, dass dieses Thema nicht auf den Tisch kommt. Ich weiß nicht, wie oft ich noch sagen soll, dass es mir leidtut. Auch wenn ich doch nichts Falsches getan habe. Sie ist nie zufrieden und ich bin nur noch wütend!"

„Ich glaube, dass ich die ollen Kamellen immer noch nicht so richtig gefunden oder verstanden habe. Mögen Sie mir erzählen, was genau vorgefallen ist? Und was ist denn vor ein paar Monaten passiert? Gab es einen Auslöser für die wöchentlichen Auseinandersetzungen?"

Ingrid nickte: „Wir sind vor sechs Monaten das erste Mal Großeltern geworden. Unsere Tochter hat gar nicht damit gerechnet, dass sie je schwanger werden könnte, und dann ist es doch passiert. Sie ist immerhin schon 45!"

„Wie schön für Sie, herzlichen Glückwunsch! Ich bin inzwischen auch Großmutter und finde es wunderbar."

Ingrid lächelte mich an: „Das ist es. Und wir sind überglücklich."

"Aber?"

Ingrid wand sich ein wenig: „Ich kann es auch nicht erklären, aber irgendetwas ist seitdem passiert. Katja wurde vor 45 Jahren geboren. Unsere erste Tochter Lisa ist nur knapp zwei Jahre älter. Es war keine schöne Schwangerschaft und ich hatte große Angst vor der Geburt. Ich kann Ihnen nicht einmal sagen, warum. Die erste Entbindung hatte ja gut geklappt."

Ingrid begann plötzlich heftig zu weinen und schluchzte dann: „Ich hatte Karl gebeten – und er hat mir sein Versprechen gegeben -, dass er mich unter der Geburt nicht allein lässt. Und dass er sich auf gar keinen Fall wegschicken lassen soll, sondern mir beisteht."

Ich sah zu Karl, der auch Tränen in den Augen hatte: „Für mich war das doch selbstverständlich. Bei der ersten Geburt war ich doch auch dabei. Ich hatte alles organisiert, alles im Griff. Und meine Mutter wollte in der Zeit auf Lisa aufpassen.
Aber als die Geburt begann, gab es plötzlich Komplikationen und es musste ein Notkaiserschnitt gemacht werden. Die Hebamme und die Ärzte haben mich einfach weggeschickt. Sie haben mir nicht gesagt, was los ist, sondern nur, dass ich gerade sowieso nichts tun könnte und dass sie mich anrufen würden, wenn das Kind da ist."

„Das muss sehr schlimm für Sie beide gewesen sein. Sind Sie gefahren?"

Ingrid: „Ja! Ist er!!!"

Karl: „Ich war so in Sorge und stand komplett neben mir. Wissen Sie, damals war das ja alles anders als heute. Da hat man den Ärzten gehorcht. Ich bin dann nach Hause gefahren und habe die ganze Zeit neben dem Telefon gesessen und gewartet."

Ich beobachtete Ingrid und sah, dass sie Karl fassungslos betrachtete.

Ich frage Karl: „Und wann kam der erlösende Anruf?"

„Nach ungefähr vier Stunden. Ich bin dann auch sofort in die Klinik gefahren. Ingrid war noch sehr müde von der Narkose. Aber Sie können sich nicht vorstellen, wie sie mich empfangen hat. Ich war noch nicht ganz im Zimmer, da hat sie mich angeschrien, dass ich sie allein gelassen hätte, dass ich mein Versprechen gebrochen hätte."

Ingrid ging dazwischen: „Hattest du doch auch! Du hast ja keine Ahnung, wie sich das angefühlt hat, als sie mich in den OP geschoben haben. Ich war innerlich plötzlich so leer und konnte mir überhaupt nicht vorstellen, wie ich mit ihm weiterleben könnte."

„Nun sind Sie aber doch immer noch zusammen. Zum Glück! Wie haben Sie das geschafft? Wie sind Sie mit dieser Situation in den letzten Jahren umgegangen?"

Karl sagte: „Über das Thema wurde in den letzten 45 Jahren oft und viel gesprochen. Und immer gab es viele Tränen, viele Erklärungen, viel Streit und Schuldzuweisungen. Ich habe mich immer wieder entschuldigt. Und vor ein paar Jahren hat Ingrid dann gesagt, dass sie mir verzeiht. Ich kann Ihnen gar nicht sagen, wie froh ich war."

„Das kann ich mir vorstellen. Ingrid, was war das damals für ein Moment, in dem Sie Ihrem Mann verzeihen konnten?"

Ingrid weinte immer noch und sagte: „Ich weiß es nicht mehr. Ich weiß nur, dass es immer wieder hochkam, dieses Gefühl der Wut. Und ich wollte das ja auch nicht mehr. Und da habe ich Karl gesagt, dass ich seine Entschuldigung annehme."

„Und das hat ja auch eine ganze Zeit geklappt. Was hat sich denn plötzlich verändert?"

„Irgendwie hat die Geburt unseres Enkelkindes etwas in mir ausgelöst und mich an damals erinnert. Und plötzlich war dieses alte Gefühl wieder so deutlich zu spüren. Als wäre es gerade passiert. Und da habe ich Karl wieder Vorwürfe gemacht."

„Und dann?"

Karl war plötzlich wieder ganz präsent: „Da fing das ganze Theater wieder von vorne an. Wieder die gleichen Vorwürfe. Und ich habe mich wieder entschuldigt! Und es gab wieder Vorwürfe und ich habe mich wieder entschuldigt…"

Ich sah beide an und sagte: „Es rührt mich gerade sehr, dass Sie beide diese alte Last immer noch mit sich herumschleppen. Ingrid, Sie haben die ganzen Jahre versucht, Karl zu verzeihen, aber das war schwerer für Sie als gedacht. Eigentlich hat es ja auch gar nicht geklappt, oder?"
Ingrid nickte „Und Sie Karl? Sie haben immer wieder versucht, Ingrid zu erklären, was damals passiert ist. Immer wieder haben Sie versucht, sich zu entschuldigen. Und das hat auch nicht geklappt." Auch Karl nickte.

Ich bin in den solchen Momenten gerne Übersetzer für meine Klienten und benutze den gleichen Inhalt des Gesagten mit nur anderen Worten. Und so habe ich auch Karls Entschuldigung für Ingrid übersetzt. Und erst als sie verstand, wie groß seine Angst um sie und das Kind war und wie hilflos er sich gefühlt hatte, als die Ärzte ihn weggeschickt hatten, aber vor allen Dingen, wie sehr er sich geschämt hatte, kein richtiger Kerl gewesen zu sein, nicht für seine Frau da gewesen zu sein, da wurde Ingrid plötzlich ganz weich und zugewandt. Das hatte sie nicht gewusst.

Sie weinte und sagte dann zu ihm: „Hätte ich das nur gewusst – hättest du es mir doch nur einmal so gesagt."

Das erste Mal nach so vielen Jahren war es möglich, dass sich beide zuhörten und vor allen Dingen verstanden. Dass sie über ihre Ängste und Gedanken, über diese Scham, über die große Last reden konnten.

Karl konnte nun zu Ingrid sagen: „Es tut mir leid, dass ich nicht die Stärke und die Kraft hatte, bei dir zu bleiben. Es tut mir leid, dass ich mich habe wegschicken lassen. Ich schäme mich dafür heute noch. Jedes Mal, wenn du mit diesem Thema angefangen hast, habe ich diese schlimmen Gefühle wieder gefühlt. Ich wollte das nicht mehr spüren. Es tut mir leid!"

Und Ingrid konnte endlich sagen: „Ich habe das nicht gewusst. Ich habe die ganzen Jahre nur an mich und meinen Schmerz gedacht. Ich bin gar nicht auf die Idee gekommen, dass es dir auch nicht gut ergangen sein könnte. Es tut mir leid!"

Ingrid und Karl konnten in dieser einen Sitzung gemeinsam den Stachel ziehen, der sich seit vielen Jahren immer wieder schmerzhaft bemerkbar gemacht hat. Woran man sieht: Es ist wichtig, Verletzungen – egal wie groß oder klein sie sind – anzuerkennen, damit sie heilen können

WIE MAN UM VERZEIHUNG BITTET

Wir kennen das doch alle: Auch wenn wir es spüren oder genau wissen, so ist es doch schwer, sich selber einzugestehen, dass man einen Fehler gemacht oder jemanden verletzt hat. Wir wollten das nicht und es tut uns – meistens – auch wirklich leid. Sich zu entschuldigen ist für viele Menschen aber ein Zeichen von Unterlegenheit oder Schwäche. „Starke" Menschen können ihr Verhalten und Benehmen zudem rechtfertigen und finden auch Gründe, warum das, was sie dem anderen angetan haben, doch auch – wenigstens ein bisschen – gerechtfertigt war. Dass das kein erwachsenes Verhalten ist, ist uns aber oft gar nicht bewusst. Denken Sie mal an kleine Kinder, was denen alles an Ausreden einfällt, damit sie ihre „Fehler" nicht eingestehen müssen. Da klebt die Schokolade noch an Hand und Haaren und trotzdem wird gesagt, dass es der Hund war, der die Schokolade aufgefressen hat, die doch eigentlich für die Oma bestimmt war.

Erwachsene aber sollten die Verantwortung für ihr Tun übernehmen und auch die Konsequenzen tragen. Fehler zu machen ist nicht ehrenrührig, wir sind Menschen und deshalb fehlbar, aber wir können daraus lernen. Es ist also eher ein Zeichen von Stärke, Selbstbewusstsein und Reflexion, Fehler einzugestehen, die Verantwortung zu übernehmen und sich zu entschuldigen. Und wenn wir ehrlich mit uns sind, dann tun wir es letztendlich doch auch immer ein wenig für uns selbst. Zu wissen, dass man jemanden verletzt hat, belastet uns nämlich oft mehr als wir denken. Sie wissen sicher alle, wie sich ein „schlechtes Gewissen" anfühlt.

Sagen Sie also: „Es tut mir leid!" Gestehen Sie Ihr Bedauern ein und erkennen Sie an, dass Sie dem anderen Kummer oder sogar Schlimmeres bereitet haben.

Bedenken Sie aber, dass Ihre Entschuldigung nur dann wirklich trägt, wenn sie tatsächlich ernst gemeint ist und nicht alleine deshalb erfolgt, damit Sie endlich wieder Ihre Ruhe haben. Und eine Entschuldigung, die im gleichen Atemzug mit einer Beschuldigung vorgetragen wird – „Tut mir leid, aber wenn du dieses oder jenes nicht getan oder gesagt hättest, dann…und deshalb konnte ich nicht anders!" –, ist keine Entschuldigung! Das wird Ihnen auch nicht dabei helfen, sich wieder zu versöhnen. Es ist eigentlich nur der Hebel dafür, dass sich Ihr gemeinsames Vorwurfskarussell erneut beginnt zu drehen.

Wenn wir einem Menschen, den wir doch lieben, Unrecht getan haben, dann stehen wir in seiner Schuld. Und manchmal reicht deshalb eine Entschuldigung allein auch nicht aus. Da bricht man sich keinen Zacken aus der Krone, wenn man abschließend fragt: „Was kann ich tun, um es wieder gut zu machen?"

WIE LERNT MAN VERZEIHEN?

Sich für eine zugefügte Verletzung zu entschuldigen ist eine Sache. Eine andere Sache ist es, eine Entschuldigung anzunehmen und zu verzeihen. Auch das ist eine Frage der Verantwortung und des Bewusstseins. Jemandem zu verzeihen ist nämlich kein Gefühl – es ist eine bewusste Entscheidung, ob man wirklich verzeihen kann oder möchte. Und man kann auch nicht „ein bisschen" verzeihen! Das geht nur entweder ganz oder gar nicht.

Seien Sie sich zudem bewusst, dass Sie, wenn Sie verziehen haben, auf dem betreffenden Thema nicht mehr weiter herumreiten können. Entweder Sie entscheiden sich zu verzeihen, um dann einen Punkt für sich und die Beziehung unter das Thema zu setzen, oder eben nicht. Wenn das – aus welchem Grund auch immer – nicht geht, dann ist das ja auch in Ordnung. Es macht nur wenig Sinn, Ihren Partner in dem Glauben zu lassen, dass alles in Ordnung ist, um ihm dann in regelmäßigen Abständen dieses eine Vergehen immer wieder unter die Nase zu reiben. Auch hier müssen wir also die Verantwortung für unser Tun übernehmen, und zwar mit allen Konsequenzen.

Zu verzeihen bedeutet allerdings nicht, dass man sich in dem einen oder anderen Fall nicht die Frage nach den Ursachen für eine empfundene Verletzung stellen muss. Verletzungen können ja bisweilen aus den Tiefen der eigenen biographischen Vergangenheit herrühren. Dann gilt es, den Gründen der eigenen Verletzung nachzuspüren und sich zu fragen: Woher kenne ich dieses Gefühl in mir eigentlich, wo ist mir das in meinem Leben schon mal begegnet, an was erinnert es mich?

Alte Verletzungen aus der Kindheit, zum Beispiel, wirken oft nach und dementsprechend empfindlich reagieren wir, wenn unser Partner – oft, ohne es zu wissen – diese alten Wunden gefühlsmäßig wieder aufreißt. Es ist also wichtig, dann darüber zu sprechen und sich auszutauschen, klar zu sagen, was Sie bewegt, verletzt und was das Verhalten Ihres Partners in Ihnen auslöst. Sagen Sie also zum Beispiel: „Es setzt mich unter Druck, wenn du mich so maßregelst. Das erinnert mich nämlich an meinen Vater, der auch immer nur gesehen und gesagt hat, was ich alles nicht kann!"

Lernen Sie also aus Ihren eigenen und auch den gemeinsam gemachten Fehlern und suchen Sie nach Möglichkeiten der Veränderungen. Wenn Sie Ihre eigenen, aber auch die Muster Ihres Partners kennen und erkennen, können Sie beide eine Menge Stress verhindern und es sich wesentlich einfacher machen.

Wenn Sie sich also verletzt fühlen und Ihnen klar wird, dass diese Verletzung alte negativ besetzte Erfahrungen aus Ihrer Vergangenheit sind, dann wissen Sie auch, welches Verhalten Ihres

Partners diese alten Wunden immer wieder aufreißt. Und dann haben Sie die Möglichkeit, sich darüber auszutauschen. Dann kann Ihr Partner sich auch darauf einstellen, weil er um Ihre alten Wunden und Narben weiß.

Solche Ausflüge in die eigene Vergangenheit können jedoch auch schmerzhaft sein. Gehen Sie in solchen Phasen freundlich und liebevoll mit sich um. Tun Sie etwas für sich, von dem Sie wissen, dass es Ihnen gut tut. „Streicheln" Sie in Gedanken über die alten Wunden, die vermutlich inzwischen ja doch vernarbt sind, und machen Sie sich klar, dass es schwer war, aber nun vorbei ist. Sie wissen doch, wie das ist mit den Narben. Manchmal, wenn das Wetter wechselt, dann zwicken sie noch mal. Aber sie tun nicht mehr so weh, wie damals, als die Wunde noch geblutet hat.

MAN KANN SICH NICHT VERFÜHLEN!

Wie Sie ja schon durch Ingrid und Karl erfahren haben, müssen Verletzungen anerkannt werden, um heilen zu können! Und Gefühle sind immer wahr! Sie können sich verrechnen, aber nicht verfühlen! Achten Sie also auf sich und Ihre Gefühle. Spüren Sie nach, was Ihnen Ihre Gefühle mitteilen. Auch die schwerste Verletzung birgt in sich die Chance, daraus zu lernen, positive und in die Zukunft gerichtete Energie daraus zu schöpfen. Stellen Sie sich Ihren Gefühlen, Ihren Verletzungen, sprechen Sie mit Ihrem Partner über Ihre Empfindungen und die Gedanken, die damit zu tun haben.

Und denken Sie daran: Veränderungen sind ein Prozess und brauchen Zeit, Geduld, Empathie und Liebe. Für sich und den anderen!

Was Sie tun können

Eine kleine Paarübung:

✳ Stellen Sie sich gegenüber und strecken Sie Ihrem Partner die geballte Faust entgegen. Ihre Faust steht für Ihre Verletzung.

✳ Sagen Sie Ihrem Partner: „In meiner Hand ist die Verletzung (benennen Sie die Verletzung oder das betreffende Ereignis)."

✳ Ihr Partner soll nun versuchen, Ihre Faust zu öffnen. Auf seine Art. Vielleicht streichelt er Ihre Hand, vielleicht umfasst er Ihre Hand und wärmt sie, vielleicht versucht er auch etwas grober Ihre Faust zu öffnen.

✳ Schließen Sie Ihre Augen und spüren Sie nach, wie es Ihnen dabei geht, wenn Ihr Partner sich bemüht und Sie auf diese Weise um Verzeihung bittet.

✳ Können Sie Ihre Faust öffnen? Brauchen Sie vielleicht noch ein wenig mehr Zeit? Oder fällt es Ihnen in diesem Moment doch eher leicht, Ihrem Partner Ihre offene Hand zu reichen?

✳ Sprechen Sie nach der Übung miteinander. Wie war das für Sie? Ungewohnt, fremd, vielleicht aber auch schön und erleichternd? Wie hat es sich angefühlt, die Faust zu machen und hinterher wieder zu öffnen? Vielleicht konnten Sie Ihre Hand aber auch nicht öffnen, weil der richtige Zeitpunkt zum Verzeihen in Ihnen noch nicht spürbar war. Auch das darf sein! Sprechen Sie mit Ihrem Partner darüber.

Ist Ihnen diese Übung leicht oder schwer gefallen? Was wünschen Sie sich in diesem Moment voneinander? Erlauben Sie Ihren Gefühlen und Gedanken freien Lauf. Erlauben Sie sich, Ihrem Partner klar zu kommunizieren, was gerade ist. Sie können nichts falsch machen. Und der Partner, der die Faust öffnen soll – auch Sie können nichts falsch machen! Wenn Ihr Partner noch nicht bereit ist, fragen Sie, was er von Ihnen braucht, was Sie in diesem Moment für ihn tun können. Und haben Sie beide Geduld, wenn es nicht sofort klappt.

Eine Affäre –
Schock und Chance

Was passieren kann, passiert auch. Nicht immer und in jedem Fall, aber häufiger, als man meint. Anlässe kann es viele geben, Gelegenheiten auch. Und wenn sie in eine Beziehung tritt, die Affäre, der Seitensprung, oder wie man den „Fehltritt" auch immer nennen möchte, dann ist der Beziehungszustand mit „Krise" kaum angemessen umschrieben.

Von der Enttäuschung, Wut und Verletzung, die der betrogene Partner zwangsläufig empfindet, einmal abgesehen, ist der Vertrauensverlust am schmerzhaftesten. Viele Paare trennen sich sogar nach einer Affäre oder einem Seitensprung.

Ich erlebe in meiner Praxis allerdings auch viele Paare, die diese schmerzhafte Beziehungskrise als heilsamen Schock nutzen, um die vorhandenen, oft nicht gesehenen und schon gar nicht thematisierten Probleme der Beziehung zu bearbeiten. Die Frage, aber auch die große Sorge des betrogenen Partners ist oft: Wie kann ich jemals wieder Vertrauen fassen?

Die Antwort: Es ist möglich! Aber es braucht die Entscheidung beider Partner, wie sie mit dieser Krise umgehen wollen, was sie beide für die Beziehung, für den Partner, aber auch für sich selber zu tun bereit sind. Beide müssen wissen, dass es viel Zeit und Geduld, aber auch Einfühlungsvermögen braucht, um diese Beziehungskrise zu meistern. Manchmal braucht es auch einen Paartherapeuten, so wie bei Lena und Norbert.

LENA UND NORBERT SUCHEN VERTRAUEN

Als ich Lena und Norbert einen Platz in meinem Beratungszimmer anbot, rückte Lena mit ihrem Stuhl direkt einen halben Meter weiter, um nicht so nah bei Norbert sitzen zu müssen.

> „Lena, ich sehe, dass Sie gerade ein bisschen Abstand zu Norbert brauchen. Möchten Sie sich auf meinen Platz setzen?"
>
> Lena schüttelte den Kopf und meinte: „Danke, so geht es."
>
> „Norbert, geht es für Sie auch so?"
>
> Auch Norbert nickte und berichtete dann, was das Problem zwischen den beiden in der Verarbeitung der Affäre war: „Ich habe Lena betrogen. Ja, klar. Die Beziehung zu der anderen Frau habe ich aber schon vor einiger Zeit beendet. Es hatte auch überhaupt nichts mit Lena zu tun und es stand auch immer außer Frage, dass ich mich von ihr trennen würde. Und genau das habe ich ihr auch gesagt. Für mich ist die Sache längst erledigt und ich verstehe nicht, warum Lena da jetzt keinen Punkt machen kann."
>
> „Für Sie ist das Thema also längst erledigt und Lena kommt Ihnen immer wieder mit den ollen Kamellen? Verstehe ich Sie da jetzt richtig?"
>
> Lena wollte dazwischen gehen, aber ich bat sie, noch ein Weilchen auszuhalten.
>
> „Ja, genau!", rief Norbert. „Immer wieder stellt sie die Frage nach dem Warum und Wie. Sie will alles ganz genau wissen. Aber ehrlich gesagt, an manches erinnere ich mich schon gar nicht mehr. Außerdem würde ich ihr ja mit den Einzelheiten auch nur wehtun. Ich wünschte mir, dass sie jetzt auch endlich mal mit der Vergangenheit abschließt und ein wenig am Neuanfang mitarbeitet. Sie misstraut mir immer noch und wirft mir den Betrug bei jeder passenden Gelegenheit immer

wieder vor. Das ist wahnsinnig anstrengend und fängt, wenn ich ehrlich bin, auch langsam an zu nerven."

Ich nickte und sah zu Lena.

Lena sagte leise: „Ich bin so verletzt und kann es immer noch nicht fassen, dass Norbert mir jemals so etwas angetan hat. Ich habe schon lange gespürt, dass da was ist und immer wieder versucht, mit ihm darüber zu sprechen. Aber er hat es immer geleugnet und mir sogar Wahrnehmungsstörungen attestiert. Erst als ich durch Zufall herausgefunden habe, dass mein Gefühl mich doch nicht getäuscht hatte, hat er es zugegeben. Da war das mit der Frau aber schon beendet.

Nun hat er doch tatsächlich von mir verlangt, dass ich ihn mit dieser – wie er sagt – alten Geschichte in Ruhe lassen soll. Er hat die Affäre beendet, sich bei mir entschuldigt und das müsste doch wohl reichen. Ich solle nun mit den ewigen Vorwürfen und meiner Fragerei nach dem Warum aufhören. Ich habe den Eindruck, dass Norbert überhaupt nicht kapiert, wie sehr er mich verletzt hat. Ich würde mir wünschen, dass er mir ein wenig entgegenkommt und mir hilft, ihm wieder zu vertrauen. Woher soll ich denn wissen, dass es tatsächlich vorbei ist?"

FRAGEN, ZUHÖREN, ANTWORTEN UND ZEIT GEBEN

Norbert machte es sich – bei allem Verständnis – ein bisschen einfach. Er musste anerkennen, dass „die Sache" für Lena noch lange nicht vorbei war. Eine Affäre zu verzeihen bedeutet harte Arbeit, das ist ein seelischer Kraftakt, denn derjenige, der betrogen wurde, befindet sich emotional in einem Ausnahmezustand. Er ist zutiefst gekränkt, Selbstbewusstsein und Vertrauen sind im tiefsten Keller. Norbert musste also lernen, die Verantwortung für sein Verhalten zu übernehmen. Mit allen Konsequenzen.

Beide haben sich folgende Fragen gestellt: Wie war die Beziehung vor der Affäre? Woran hatte es Norbert gefehlt und was hätte er gebraucht, um über seine Wünsche und Bedürfnisse sprechen zu können? Was war zwischen ihnen passiert – oder besser gesagt – nicht mehr passiert? Gab es zu wenig Anerkennung? Zu wenig Sex? Zu viel Alltag und Stress? Wie ging es Lena? Wie sah der Beziehungsalltag aus? Wie sah ihr Beziehungsleben aus?

Norbert musste sich den Fragen von Lena stellen. Er musste sie aushalten und Antworten geben. Nur so konnte Lena ihr Kopfkino wieder ausschalten. Die „Filme, die im Kopfkino laufen, sind nämlich oft schlimmer und schmerzhafter als das, was tatsächlich passiert ist! Und dann braucht es Geduld und Zeit, um die Wahrheit verarbeiten zu können.

Ob nun tatsächlich alle Details benannt werden müssen, liegt am jeweiligen Partner. Manche Menschen benötigen zur Verarbeitung alle Einzelheiten, andere quälen sich nur damit noch mehr. Es war wichtig, dass er auch Verständnis für die Verletzung, die er Lena zugefügt hatte, zeigte.

Bei Lena drehte sich nämlich alles um Frage: Was hat sie, was ich nicht habe? Bin ich nicht gut genug?

Norberts Wunsch, dass Lena nun doch endlich einen Schlussstrich ziehen solle, war verständlich, aber wirklich unrealistisch. Er hatte die Aufgabe, sogar die Verpflichtung, alles zu tun, damit Lena ihm wieder vertrauen konnte. Alles zu tun, um die Beziehung wieder in Ordnung zu bringen. Und das bedeutete natürlich auch, Lena in ihrer Gefühlsachterbahn auszuhalten. Vor allen Dingen aber, offen und ehrlich ihr gegenüber zu sein.

Beide mussten einsehen, dass es nie wieder so sein würde, wie es einmal war. Und das war ja auch gut so. So konnten sie noch einmal gemeinsam herausfinden, was vor der Affäre noch gut gewesen war und was bleiben durfte. Und sie konnten gemeinsam überlegen, wie sie die entstandenen Risse in ihrem Beziehungsfundament mit Gold auffüllen konnten, um es zu stabilisieren. Was wollten sie also in Zukunft anders machen? Was waren beide bereit, für die Beziehung zu tun? Welche Bedürfnisse sollten jetzt nicht mehr unterdrückt, sondern befriedigt und gelebt werden? Was konnten sie tun, damit das Gute noch besser würde?

WAS JEDER FÜR SICH KLÄREN MUSSTE

In der Arbeit mit meinen Paaren biete ich nicht nur gemeinsame, sondern auch Einzelsitzungen mit den jeweiligen Partnern an. So kann ich mit jedem noch einmal ganz gezielt auf bestimmte Probleme oder Sorgen eingehen und gemeinsam mit dem Klienten überlegen, was er für sich selbst tun, was er für sich verändern kann, damit es ihm ein bisschen besser geht.

Für Lena war es in der Einzelsitzung wichtig zu erkennen, dass all ihre Emotionen eine Daseinsberechtigung hatten und dass sie diese nicht unterdrücken musste. Stattdessen musste sie nach Wegen suchen, damit umzugehen. Ein Weg war, sich Norbert zuzumuten, ihm Fragen zu stellen oder die Wut zu zeigen, wenn sie plötzlich hochkam, statt sie immer wieder herunterzuschlucken, um nicht als hysterisch oder empfindlich zu gelten. Für den Fall, nicht mit Norbert reden zu wollen oder zu können, nahm sich Lena vor, Tagebuch oder aber auch Briefe oder Mails an Norbert zu schreiben, ohne diese sofort, wenn überhaupt abzuschicken. Es war wichtig für sie, ihren Emotionen einen Raum zu geben. Und dafür ist das Schreiben eine ganz wunderbare Möglichkeit.

Ebenso wichtig war die Erkenntnis, dass Lena nicht der Grund für Norberts Affäre war und dass sie es nun in der Hand hatte, Norbert eine Chance zu geben und eine Entscheidung für die Beziehung zu treffen.

Für Norbert war es von Bedeutung, in der Einzelsitzung zu klären, was ihm in der Beziehung zu Lena gefehlt hatte. Darüber hinaus sollte er sich seinen Anteil der Verantwortung noch einmal genau ansehen.

Ihm wurde bewusst, dass er, wie er es sagte, in einer „Egokrise" gesteckt hatte. Sein Selbstbewusstsein war im Keller gewesen und er hatte versucht, sein Ego durch die Affäre aufzuwerten. „Ich wollte mich auch mal wieder begehrt fühlen!"

Im nächsten Schritt war es wichtig, Lena zu zeigen, dass er seine Entschuldigung auch ernst meinte. Das war natürlich nicht ganz so einfach.

Norbert hatte also einige Aufgaben zu meistern: Er musste versuchen, Lena Zeit zu geben, diese Kränkung zu verarbeiten, und bereit sein, sich ihren Fragen zu stellen. Dazu brauchte es natürlich Geduld, denn um Vertrauen zu bitten, das man gerade erst verspielt hat, ist ähnlich müßig wie zu einer Blume zu sagen: „Los, fang an zu blühen!"

Norbert war derjenige, der in Vorleistung gehen musste. Das bedeutete auch, offen zu sein und zu erzählen, mit wem er wann und wohin ging. Denn gerade in der ersten Zeit ist das Kontrollbedürfnis beim Betrogenen immer noch sehr groß.

Und Norbert musste Lena ganz deutlich zeigen, dass sie seine Nummer eins war. Lena war von schweren Selbstzweifeln geplagt und brauchte jede Form von Bestätigung und Erklärung, was Norbert an ihr liebte und warum er mit ihr zusammenbleiben wollte. Und sie brauchte das Gefühl, dass er bereit war, für die Beziehung und ihre Liebe zu kämpfen.

Trotz allem war es wichtig, immer wieder auch dafür zu sorgen, dass sich auch eine gewisse Leichtigkeit zwischen den beiden entwickeln konnte. Ich empfahl den beiden also, sich zwischendurch bei aller Schwere der Situation auch mal Gutes zu tun, eine Problemauszeit zu nehmen und Dinge zu unternehmen, die beiden Spaß bereiteten und die geeignet waren, einmal durchzuatmen. Um das zu symbolisieren, schrieben sie mir ihre Probleme noch einmal auf einen Zettel und ließen den bei mir bis zur nächsten Sitzung in der Praxis.

DER LOHN DER ARBEIT

Lena und Norbert arbeiteten hart an ihrer Beziehung. Manchmal ging es zwei Schritte vor und einen wieder zurück. Ich konnte den beiden aber vermitteln, dass Rückschritte normal sind und man sie ganz wunderbar nutzen kann. Erstens hat man dann nämlich ein wenig Abstand zum Problem und kann aus der Distanz noch einmal begutachten, was man gemeinsam bis hierher schon geschafft hat. Zweitens kann ein Rückschritt mit der entsprechenden Distanz eine schöne Wegstrecke sein, um noch einmal ordentlich Anlauf zu nehmen und ein bisschen weiter als das letzte Mal zu kommen. Sie erkannten schließlich, dass eine Beziehung, die „eigentlich" intakt ist, durch die Affäre nicht wirklich in Gefahr gebracht werden konnte.

> Lena sagte mir abschließend: „Wir versuchen beide nun, diese Krise als Chance für eine Verbesserung unserer Beziehung zu nutzen. Das ist wirklich nicht immer leicht, aber wir bleiben dran und versuchen uns gegenseitig zu unterstützen."
>
> Und Norbert ergänzte: „Ich habe eingesehen, dass ich in erster Linie etwas tun muss, damit Lena wieder Vertrauen zu mir und in unsere Beziehung finden kann. Wir erleben inzwischen auch wieder mehr Nähe und neue Leidenschaft und können wieder besser aufeinander zugehen und das genießen, was trotz allem immer auch noch gut war. Ich bin sehr froh, dass wir auf einem guten Weg sind."

Manchmal reicht die Liebe nicht

Man kann es ja nicht oft genug erwähnen – die Liebe ist so schön! Und wenn sich zwei Menschen finden und sich entscheiden, ihren Weg gemeinsam zu gehen, dann ist das wunderbar. Allerdings bedeutet Liebe nicht, miteinander in allen Lebenslagen, in allen grundsätzlichen Dingen kompatibel zu sein. Manchmal reicht Liebe auch nicht, um über die Gräben unterschiedlicher Wünsche, Träume und Ansprüche an das Leben eine Brücke zu schlagen, die trägt, oder um ein stabiles Beziehungsfundament zu schaffen.

Liebe und Beziehung brauchen einen klaren und sicheren Rahmen, der in die gemeinsame Zukunft weist, der hilft, Geborgenheit und Schutz und dadurch Vertrauen und Sicherheit entstehen zu lassen, die man braucht, um gemeinsam einen Weg zu gehen.

WAS BIN ICH BEREIT ZU GEBEN?

Am Anfang einer Beziehung können wir uns alles mit dem geliebten Wesen vorstellen. Jeder Kompromiss ist denkbar, erscheint machbar. Das wird schon! Wir lieben uns das Leben und das geliebte Wesen einfach so schön und passend, wie wir es brauchen.

Aber bisweilen geraten Paare an einen Punkt der Entscheidung, weil die Vorstellungen von einem gemeinsamen Leben, trotz Liebe, einfach nicht zusammenpassen wollen. Und dann muss man sich Fragen stellen: Gebe ich für meinen Partner meine Träume und Wünsche auf, damit er glücklich und zufrieden ist, werde dafür selbst aber vermutlich sehr unglücklich werden? Finden wir beide ein

Lösung oder einen Kompromiss – oder werden vermutlich beide irgendwann unglücklich sein?

Oder müssen wir uns trennen, weil ich – oder wir beide – genau spüren, dass unsere Vorstellungen vom Leben komplett auseinandergehen?

Und so kann es tatsächlich passieren, dass man jemanden liebt, mit dem man einfach nicht glücklich werden kann, weil man einfach zu unterschiedliche Bedürfnisse, Werte und Ziele im Leben hat.

ARMIN UND YVONNE HATTEN KEINE ZEIT FÜR EIN LEBEN ALS PAAR

Armin und Yvonne waren so ein Paar. Auf den ersten Blick sahen beide so aus, als wären sie nur in meine Praxis gekommen, um mal eben „guten Tag" zu sagen. Sehr entspannt, sehr harmonisch. Ich bat beide, sich zu setzen und mir ihr Anliegen zu schildern.

> Yvonne: „Ja, wo fange ich nur an? Ich bin gerade ein wenig unsicher."
>
> Ich beruhigte Yvonne: „Lassen Sie sich Zeit. Oder möchten Sie, dass Armin anfängt?"
>
> Yvonne: „Nein... also, wir haben beide einen Job, der uns zeitmäßig sehr fordert. Wir haben einen gemeinsamen, großen Bekannten- und Freundeskreis, wir haben aber auch jeder noch einen eigenen Freundeskreis und eigene Hobbys. Um Zeit miteinander zu verbringen, müssen wir wirklich viel planen oder uns sogar manchmal verabreden. Stellen Sie sich vor – wir sitzen inzwischen mit unseren Kalendern zusammen, um zu gucken, wann wir mal wieder einen Abend zu zweit haben können!"
>
> Armin unterbrach: „Also wenn ich dich gerade so höre, dann finde ich nun wirklich, dass du übertreibst!"

Yvonne sagte nichts, aber der Blick, den sie Armin zuwarf, sprach anscheinend Bände. Jedenfalls brach Armin postwendend ab.

„Armin, Sie sind gerade verstummt – was geht in Ihnen vor?"

Armin richtete sich auf: „Ich sehe das komplett anders und wie ich eben schon erwähnte, Yvonne übertreibt mal wieder maßlos!"

Ich wandte mich also Yvonne zu: „Hat Armin ein bisschen recht, wenn er sagt, dass Sie komplett übertreiben?"

Yvonne schien ein wenig resigniert: „Ach, das ist sein Lieblingstotschlagargument, das kenne ich schon."

„Dann erzählen doch bitte Sie weiter."

Yvonne: „Also wir müssen Termine machen, um Zeit miteinander verbringen zu können. Aber so langsam habe ich den Eindruck, dass er seine eigenen Termine unseren gemeinsamen Treffen vorzieht. Ich spiele inzwischen nur noch die zweite Geige."

„Wie war das denn am Anfang Ihrer Beziehung?"

Yvonne holte aus: „Obwohl ich anfangs natürlich am liebsten jede freie Minute mit Armin verbracht hätte, fand ich es völlig in Ordnung, dass jeder ein Stück weit auch sein eigenes Leben behielt. Damals war es aber auch so, dass wir noch ein gemeinsames Leben als Paar hatten und viel unternommen haben. Inzwischen haben sich die Prioritäten aber verschoben und was gemeinsame Unternehmungen angeht, sind wir eigentlich schon seit einiger Zeit gar kein Paar mehr. Alles, was Armin machen möchte, ist ihm wichtiger als meine Aktivitäten oder Termine. Und ein Austausch unserer Termine findet schon lange nicht mehr wirklich statt. Wenn ich einen Vorschlag mache, hat er immer schon andere Pläne, selbst meine

Überraschungsreise hat er boykottiert, weil ihm sein Verein wichtiger war. Ich weiß überhaupt nicht mehr, warum wir noch zusammen sind.

Ich liebe Armin, aber so will ich die Beziehung auf keinen Fall weiterführen."

„Das hört sich anstrengend aber auch ein bisschen traurig an."

Yvonne nickte. Ich wandte mich nun Armin zu und fragte: „Wie geht es Ihnen gerade, wenn Sie hören, dass Yvonne so unglücklich ist, weil sie mehr Zeit mit Ihnen verbringen möchte?"

Armin: „Traurig und unglücklich? Bei mir kommen nur Vorwürfe an. Ich verstehe diesen ganzen Stress nicht wirklich. Ich sage Yvonne doch auch immer, dass ich sie liebe, und wir machen ja schon auch noch das eine oder andere zusammen."

„Was war das denn mit der Überraschungsreise?"

Armin: „In diesem Fall ging es um die Jahreshauptversammlung im Tennisclub. Yvonne weiß, dass ich im Vorstand des Vereins und sehr engagiert bin. Das war, ist und bleibt mir total wichtig. Und da erwarte ich natürlich auch ein wenig Verständnis von ihr. Ich kann ja verstehen, dass sie enttäuscht war, weil es mit dem Städtetrip nicht geklappt hat, aber ich kann auch nichts dafür, dass sie meine Alternativtermine nicht wollte."

Yvonne wollte dazwischen gehen, aber ich bat sie, Armin ausreden zu lassen.

Armin: „Naja, es gab dann wieder nur Stress und Vorwürfe und da haben wir das Ganze eben komplett ins Wasser fallen lassen. Klar, die Stimmung ist gerade nicht so doll, aber deshalb gleich an Trennung zu denken, finde ich völlig überzogen. Ich meine, worum geht's denn? Um ein Wochenende. Und Stockholm steht doch nächsten Monat auch noch."

Unterschiedliche Bedürfnisse sind in einer Beziehung immer eine Gratwanderung. Beide mussten sich fragen: Geht es mir nur um mich und meine Bedürfnisse oder sehe ich auch die Bedürfnisse und Wünsche meines Partners? Bin ich in der Lage, tolerant und kompromissbereit zu sein und mich auch aus Liebe zum anderen mal etwas zurückzunehmen? Hätte Armin zum Beispiel die Aufgaben des Vereinsvorstandes nicht seinem Stellvertreter überlassen können, um mit Yvonne das Wochenende – das sie ihm ja auch als Überraschung geschenkt hatte – zu verbringen?

UND WIE IST ES AUSGEGANGEN?

Armin schätzte seine Arbeit und seine Freizeit mehr als die Gemeinsamkeiten mit Yvonne. Und er war auch nicht bereit, für die Beziehung weitere Kompromisse einzugehen und ein Stück auf Yvonne zuzugehen. Er wollte sein Leben so weiter leben, wie es für ihn passend war. Die Werte, Bedürfnisse und Vorstellungen der beiden gingen einfach zu sehr auseinander.

Und wenn das so ist, wie es bei Yvonne und Armin mehr als deutlich geworden war, dann sollte man ehrlich mit sich und dem anderen sein. Und dann ist in bestimmen Fällen eine Trennung die einzig wahre und gute Entscheidung, bevor man sich selbst zerstört oder beide sich gegenseitig zerstören. Yvonne zog deshalb auch die Reißleine und trennte sich von Armin. Sie nahm noch einige Einzelsitzungen, damit sie um die verlorene Liebe trauern konnte, aber auch um für sich ein wenig mehr Klarheit zu finden.

Einige Monate später erhielt ich eine Mail von Yvonne, in der sie mir schrieb, dass es ihr inzwischen viel besser ging. Sie braucht aber vermutlich noch ein Weilchen, bis sie sich auf eine neue Beziehung einlassen kann. Armin, der übrigens auch immer noch Single ist, sieht sie ab und zu bei gemeinsamen Freunden. Mittlerweile pflegen sie einen distanziert-freundlichen Umgang miteinander.

WIR LIEBEN NICHT NUR MIT DEM HERZEN, SONDERN AUCH MIT DEM KOPF

Liebe ist leider nicht alles, was wir brauchen, um glücklich zu werden. Sie ist die Basis, das Fundament, der Kleber, der alles zusammenhält. Doch funktionieren kann eine gesunde Beziehung langfristig nur, wenn Sie nicht nur Ihr Herz, sondern auch Ihren Kopf einschalten.

Suchen Sie sich einen Partner mit ähnlichen Werten und Vorstellungen vom Leben. Jemanden, der für Sie wie ein bester Freund ist und sich Ihnen gegenüber fair und anständig verhält. Jemanden, mit dem Sie sämtliche Probleme innerhalb und außerhalb Ihrer Partnerschaft offen und ehrlich ausdiskutieren und lösen können. Nur dann können Sie sich auf eine erfüllte, glückliche Zukunft freuen.

Was Sie tun können

Überlegen Sie einmal gemeinsam mit Ihrem Partner:

* Wie kann ein gemeinsames, stabiles Fundament unserer
  Beziehung aussehen? Wie definieren wir zum Beispiel
  „stabiles Fundament"? Was stellen wir uns darunter vor?
  Bedeutet das zum Beispiel, dass wir uns aufeinander
  verlassen können, dass wir Gemeinsamkeiten haben, dass
  wir Spaß miteinander haben, gleiche Werte, Bedürfnisse,
  Wünsche? Darf es ein „Ich" und ein „Du" neben dem „Wir"
  geben?

* Wie stabil ist unser Fundament im Moment? Gibt es Risse,
  die wir bisher nicht beachtet haben? Spüre ich Bedürfnisse
  nach Veränderung? Bin ich unzufrieden, unglücklich und
  ärgere ich mich immer wieder über meinen Partner, über
  das, was er macht oder auch nicht? Gibt es alte Verletzungen,
  die immer wieder ein Thema sind? Wie können wir es
  schaffen, mit unseren kleinen Rissen im Fundament zu
  leben und trotzdem darauf zu achten, dass sie nicht größer
  werden?

* Sprechen wir über die Dinge, die uns das Leben gerade so
  schwer machen oder uns nerven? Trauen wir uns, dem
  anderen gegenüber die eigenen Wünsche und Bedürfnisse
  zu erzählen? Können wir – ohne eine Gegenleistung zu
  erwarten – auch mal großzügig sein? Einfach so aus Liebe?
  Nur für den anderen?

✳ Wie können wir die schon vorhandenen Risse mit Gold füllen? Können wir unsere Risse anerkennen und in Zukunft achtsamer werden? Für uns und für den Partner?

✳ Schaffen wir es – aus Liebe – etwas für den anderen zu tun, auch wenn es uns ein bisschen schwer fällt, weil wir zum Beispiel gerade keine große Lust dazu haben?

Sie können diese Fragen auch jeder erst einmal für sich selbst in Ruhe beantworten und sich danach zusammensetzen, um sich auszutauschen. Bedenken Sie aber bitte, dass es auch hier nicht darum geht, wer großzügiger, besser, toleranter ist. Es geht einzig und allein darum, zu erkennen: Was können wir für uns und unsere Beziehung tun?

KINDERWUNSCH –
WENN KOMPROMISSE NICHT MÖGLICH SIND

Ein ganz besonderes Thema, an dem Paare manchmal verzweifeln, weil sie einfach keinen Gleichschritt im Denken und Fühlen hinbekommen, ist der Kinderwunsch. Und es kommt weit öfter vor, als man vielleicht meinen möchte, dass Paare an diesem Thema scheitern.

Natürlich können Paare auch kinderlos glücklich sein. Sie können aber auch Kinder adoptieren, sich medizinisch – durch künstliche Befruchtung – unterstützen lassen und sehr glücklich sein. Oder sich, wenn die eigenen Bedürfnisse zu unterschiedlich sind, eben trennen.

Viele Frauen, aber auch Männer können keine Kinder bekommen bzw. zeugen und leiden sehr unter ihrer Unfruchtbarkeit. Und Frauen nehmen häufig – medizinisch und psychisch – vieles auf sich, damit sie schwanger werden. Wenn aber der Partner kein Kind möchte, kann der Wunsch nach eigenen Kindern an die Grenzen der Liebe stoßen, und dann man muss sich überlegen, ob man den eigenen Lebensplan aus Liebe zum anderen aufgibt.

Wenn für die Frauen dann auch noch die biologische Uhr zu ticken beginnt, verstärkt sich der Druck auf beide oft ins Unermessliche und bringt eine ungeheure Schwere in die Beziehung. Spätestens dann ist es wichtig, ehrlich mit sich und dem Partner zu sein und zu klären, wie unterschiedlich die Lebenspläne tatsächlich sind.

* Möchte der Partner im Moment noch kein Kind, kann sich aber durchaus vorstellen, irgendwann Vater oder Mutter zu werden?

* Will er generell kein Kind oder nur mit dem Partner kein Kind?

* Wie lange ist er bereit, auf ein Kind zu verzichten?

* Gibt es Kompromisse wie: „Wir reisen jetzt noch drei Jahre durch die Welt – ich möchte erst einen bestimmten Status in meinem Job erreichen – das Haus soll erst fertig gebaut sein?"

Jeder muss die Entscheidung für sein Leben selber treffen. Das kann aber auch bedeuten, dass das Kinder-Problem nicht gelöst werden kann – und zur Trennung führt.

ISABELL UND KLAUS –
UND EIN UNERFÜLLBARER KINDERWUNSCH

Isabell und Klaus waren seit drei Jahren ein Paar. Beide hatten einen guten Job, viele gemeinsame Interessen und einen großen Freundeskreis, mit dem sie viel unternahmen. Klaus war verheiratet gewesen und hatte einen 10-jährigen Sohn aus dieser Beziehung. Ben war oft bei den beiden zu Hause, und sie verstanden sich gut.

Nun waren sie in meine Praxis gekommen, weil sie sich seit langer Zeit immer wieder um ihr Problem drehten und alleine einfach nicht mehr weiterkamen.

Isabell fing sofort an zu weinen, als sie zu erzählen begann: „Es könnte alles so schön sein, wenn nur dieses eine Thema nicht immer wieder zwischen uns kommen würde. Klaus und ich sind nun schon fast drei Jahre zusammen. Er ist wirklich meine große Liebe und auch der Altersunterschied von knapp zwölf Jahren wirkt sich in unserem Zusammensein eigentlich überhaupt nicht aus. Bis auf diesen einen gravierenden Unterschied, dass ich unbedingt ein Kind möchte und Klaus nur zähneknirschend eingewilligt hat."

Klaus: „Ich habe ja schon einen Sohn aus einer früheren Beziehung und ich bin mit dem Kinderwunsch eigentlich durch. Ich bin froh, dass Ben nun schon so groß ist und ich mir nicht mehr die Nächte um die Ohren hauen muss. Eigentlich möchte ich jetzt mehr reisen und mich meinem neuen Hobby widmen: Segeln! Am liebsten natürlich mit Isabell!"

Ich wandte mich noch einmal Isabell zu: „Was meinen Sie denn mit zähneknirschend eingewilligt?"

Isabell erklärte es mir: „Wie gesagt, er hat nun – er sagt aus Liebe, ich glaube aber auch, weil er verstanden hat, dass ich mir ein Leben ohne Kinder nicht vorstellen kann – eingewilligt noch mal Vater zu werden. Ich war so glücklich!"

„War?"

„Ja!" Aus Isabell sprudelt es nun geradezu heraus: „Denn nun versuchen wir schon eine ganze Zeit lang, dass ich schwanger werde – aber ohne Erfolg. Wir waren inzwischen auch schon in einer Kinderwunschklinik und haben uns untersuchen lassen. Leider hat sich dabei herausgestellt, dass wir ohne Hilfe von außen wohl kein oder wirklich nur sehr schwer ein Kind bekommen können.
Wir haben uns deshalb für eine künstliche Befruchtung mit all den unangenehmen Begleiterscheinungen entschieden, und wir sind auch davon ausgegangen, dass wir das hinkriegen. Leider klappt es überhaupt nicht und wir beide nerven uns gegenseitig nur noch an. Zuerst immer nur Sex nach Plan, jetzt die sterile Praxisatmosphäre, dieses mechanische Eingreifen in den Körper…"

Ich schaute zu Klaus, der eingesunken auf seinem Platz saß und die Hände ineinander rieb.

Isabell erzählte weiter: „Von den Nebenwirkungen der Medikamente mal ganz abgesehen. Ich muss gestehen, dass die Zeit durch diese emotionalen Schwankungen schon sehr anstrengend war. Für Klaus, aber auch für mich selber."

Klaus nickte, während Isabell fortfuhr: „Wir hatten damals vereinbart, dass wir – wenn es beim dritten Mal nicht geklappt hat – abbrechen. Für mich war das ok, denn ich war so sicher, dass es schon beim ersten Mal klappen würde. Ich hätte in dem Moment alles unterschrieben. Ja und nun gab es tatsächlich schon drei vergebliche Versuche. Für Klaus ist das Thema jetzt erledigt und…" – sie schaute Klaus herausfordernd an – „ich habe sogar den Eindruck, dass er froh ist, dass es nicht geklappt hat! Für mich ist es aber überhaupt noch nicht erledigt!
Ich bin traurig und fassungslos und ich möchte es gerne

noch einmal versuchen. Das habe ich ihm auch immer wieder gesagt. Seine Antwort ist inzwischen aber nur noch ein knappes NEIN."

Ich entschied mich, Isabell weiter reden zu lassen. Ich hatte vorher mit den beiden vereinbart, dass Klaus mir ein Zeichen geben würde, wenn es ihm zu viel würde.

„Ich kann einfach nicht glauben, dass wir kein Kind miteinander haben können. Und ich habe deshalb, ohne es Klaus zu sagen, wieder meine Medikamente eingenommen und einen neuen Termin in der Kinderwunschklinik vereinbart. Ich habe auch den Arzt belogen und immer wieder Ausreden erfunden, warum Klaus nicht mitkommen konnte."

„Das hört sich frustrierend, anstrengend aber auch sehr traurig an!"

Yvonne guckte mich erstaunt an. „Ja. Aber wie dem auch sei, jetzt ist es wieder soweit, dass wir es noch einmal versuchen könnten, und Klaus müsste nur noch sein Sperma abgeben. Den meisten Stress habe ich doch durch diese Behandlung. Ich weiß natürlich, dass das nicht richtig war, aber ich habe so gehofft, dass er mich versteht.
Jetzt ist er so sauer auf mich und wir streiten uns nur noch. Ich bin durch die Hormone eh so dünnhäutig und habe das Gefühl, dass mir mein Leben völlig ver-rückt ist. Das ist kaum auszuhalten. Und außerdem habe ich große Angst davor, dass Klaus mich verlässt."

Ich wandte mich Klaus zu: „Bitte erzählen Sie mir, wie es Ihnen geht."

Klaus schaute mich an und sagte: „Irgendwie bin ich inzwischen so sprachlos. In meinem Inneren rumort es zwischen Traurigkeit und großer Wut hin und her. Wenn ich ehrlich bin, möchte ich einfach nur weg. Auch jetzt gerade, wo ich das alles noch einmal hören musste. Natürlich habe ich Verständnis für Isabell, denn obwohl ich auch damals kein Kind wollte, bin ich natürlich froh, dass es Ben gibt. Aus dem Grund habe ich auch zugestimmt und mich auf diese ganze Tortur eingelassen. Wir haben uns aufklären lassen und abgesprochen, wie oft wir einen Versuch wagen wollen. Isabell sagt zwar, dass sie das meiste aushalten muss, aber so ist es ja nun auch nicht. Sie können sich überhaupt nicht vorstellen, was das für mich alles bedeutet hat." Ich nickte. „Mir war das jedes Mal so unangenehm, mein Sperma abgeben zu müssen, auch wenn ich wusste, dass es für die Ärzte normal ist. Aber jedes Mal diese ganze Aktion, diese Hoffnung und dann wieder diese Enttäuschung. Mit meiner eigenen kann ich ja noch umgehen, aber Isabell ist total verzweifelt und untröstlich.

Nun hat es dreimal nicht geklappt und ich glaube nicht daran, dass es beim vierten Mal anders sein soll. Wir hatten diese Abmachung nun einmal und darauf bestehe ich jetzt auch. Ich habe meinen Teil der Vereinbarung eingehalten, jetzt ist Isabell dran. Dass sie mich nun aber so hintergangen hat, kann ich ihr – bei allem Verständnis – nicht verzeihen.

Ich fühle mich wie ein Samenspender, als ginge es gar nicht mehr um mich und unsere Beziehung, sondern nur noch um das Kinderkriegen. Ich bin geradezu fassungslos und werde auf gar keinen Fall mit zu dem neuen Termin gehen. Ich muss jetzt auch erst einmal mit diesem Vertrauensbruch klarkommen."

Schließlich saßen beide weinend vor mir. Ihr Dilemma war mit Händen zu greifen. Und es deutete sich schon hier und in weiteren Gesprächen an, dass dieses Dilemma einfach nicht aufzulösen war. Es war einfach eine unendlich traurige Situation!

Bei Isabell und Ben gingen die Bedürfnisse und die persönlichen Lebensplanungen einfach zu weit auseinander. Dass Isabell hinter dem Rücken von Klaus die Therapie fortsetzte, war natürlich ein großer Vertrauensbruch. Und beide mussten für sich nun herausfinden, ob und wie sie diese Beziehung weiterführen konnten.

Wir versuchten in unseren weiteren gemeinsamen Gesprächen zu klären, was Klaus brauchte, um den entstandenen Vertrauensbruch verzeihen zu können. Klaus brauchte erst einmal Abstand und zog in die Ferienwohnung von einem Freund.

Isabell wusste natürlich, dass sie einen großen Fehler gemacht und das Vertrauen von Klaus missbraucht hatte. Beide versuchten zwar, wieder aufeinander zuzugehen. Aber der Graben war zu tief und so trennten die beiden sich schlussendlich. Klaus lebt allein und unternimmt viel mit seinem Sohn.

Isabell brauchte noch eine ganze Zeit, um die verlorene Beziehung betrauern zu können. Sie hat sich aber vorgenommen, ihren Kinderwunsch nicht einer Liebe oder Beziehung unterzuordnen.

So traurig es in diesem Fall war – Isabell und Klaus hatten für sich die bestmögliche Lösung gefunden. Sie hatten sich – trotz Liebe zueinander – getrennt. Manchmal reicht die Liebe eben nicht für ein gemeinsames Leben!

Erfüllte Sexualität ist kein Selbstläufer

Die meisten Paare wünschen sich eine befriedigende Sexualität. Sie wünschen sich Lust, Ekstase, Leidenschaft und Verschmelzung. Und oft erleben sie stattdessen Enttäuschungen, Verletzungen, Versagensängste, Leistungsdruck und manchmal sogar Demütigungen. Und das führt zu Rückzug, oft aber auch zu Resignation. Oder auch zu dem Gefühl, dem Partner einen Gefallen tun zu müssen.

Viele Paare haben unterschiedliche Bedürfnisse, was die Häufigkeit der sexuellen Aktivität angeht. Manchmal findet Sexualität aber auch gar nicht mehr oder nur noch alle Jubeljahre statt. Und meistens ist es so, dass es den einen mehr stört als den anderen. Manchmal gab es in der Beziehung irgendwann einmal einen Auslöser, der dafür sorgte, dass das, was vorher schön war, verloren ging. Auslöser wie die Geburt eines Kindes, Stress im Job oder ganz persönliche Lebenskrisen. Oft erlebe ich in meiner Praxis aber, dass die Paare tatsächlich gar keinen konkreten Auslöser für ihre sexuelle Unlust erkennen können.

WENN DIE LUST VERSCHWINDET

Die Luft ist irgendwie raus, das Feuer erloschen, alles viel zu anstrengend. Da überlegt man sich schon mal, ob die TV-Serie, die man doch so gerne guckt, nicht doch irgendwie spannender und vor allen Dingen kräftesparender ist als – Sex.

Und dann kommen manchmal Gedanken wie: Das war doch in der Zeit der Verliebtheit alles irgendwie besser, leichter, schöner. Da musste man sich überhaupt nicht anstrengen, da war die Lust aufeinander einfach immer irgendwie da. Zu jeder Tageszeit und an den unterschiedlichsten Orten.

Und nach dem Verliebtsein? Da bleibt dann ein ganz normaler Mensch übrig, der trotz seiner Macken geliebt und auch begehrt werden will. So wie wir selbst ja auch. Um es mal auf den Punkt zu bringen: Verliebtheit ist hormongesteuert und funktioniert von ganz allein. Liebe und Beziehungen zu leben, über Jahre und Jahrzehnte, ist Arbeit! Es ist eine bewusste Entscheidung, etwas für sich, für den Partner und die Beziehung zu tun. Und das auch, wenn es anstrengend ist und nicht immer gleich sofort alles klappt.

Weder die Beziehung noch die Sexualität bleiben so lustvoll, so stabil und so unverändert befriedigend, wie sie mal zu Anfang waren. Versuchen Sie also besser gar nicht erst, die Lust auf dem Verliebtheits-Level zu halten. Diese Mühe verschafft Ihnen eher noch mehr Lustlosigkeit und Frust. Versuchen Sie lieber herauszufinden, was Sie gemeinsam tun können, wenn Sie „ungewollte" Veränderungen in Ihrem Sexleben feststellen.

LILLI UND TOM SUCHEN NACH DEM SEX VON FRÜHER

Lilli und Tom hatten zwei Jahre zuvor ihr erstes Kind bekommen. Zu ihrer dritten Sitzung waren sie eigentlich wegen ihrer Kommunikationsprobleme zu mir in die Praxis gekommen. In der Sitzung zuvor hatte sich aber herausgestellt, dass es Tom eigentlich um etwas ganz anderes ging. Tom war total gefrustet, weil Lilli seit fast einem Jahr nicht mehr mit ihm schlafen wollte. Er hatte das nie so klar mitgeteilt, Lilli bekam Toms Frust durch sein aggressives Verhalten ihr gegenüber aber deutlich zu spüren, was sie dazu veranlasste, sich noch mehr zurückzuziehen.

„Wie ist es Ihnen seit der letzten Sitzung vor vier Wochen ergangen? Was hat gut geklappt?"

Lilli: „Ich war nach der letzten Sitzung erst einmal platt und gleichzeitig hatte ich das Gefühl, dass es mir wie Schuppen von den Augen gefallen war."

„Und was wurde da sichtbar?"

„Für mich wurde vieles klarer. Ich konnte Toms Reaktionen und sein Verhalten mir gegenüber plötzlich besser verstehen."

Tom bestätigte: „Ging mir genauso. Irgendwie hat mein Frust jetzt einen Namen"

„Und wie heißt er?"

Tom lachte: „Er heißt: Ich vermisse den Sex mit Lilli, ich will das wieder haben! Nicht nur den Sex. Alles!"

„Haben Sie darüber gesprochen?"

Lilli: „Ja, und das war es auch, was gut geklappt hat. Erstaunlicherweise. Und mir wurde plötzlich auch ganz klar, dass ich den Sex überhaupt nicht vermisse. Im Gegenteil. Je mehr Tom mich angemacht hatte, desto weniger hatte ich Lust auf Nähe."

„Tom, wie war das für Sie?"

„Naja, wie ich schon sagte, plötzlich konnte ich so ein bisschen einordnen, woher mein Frust kam. Und wenn Lilli das jetzt so sagt, kann ich es auch nachvollziehen, dass sie mir dann lieber aus dem Weg gegangen ist."

„Sie sagen, dass Sie seit fast einem Jahr keinen Sex mehr hatten. Gar keinen mehr? Auch kein Küssen, Knutschen, kein Anfassen?"

Lilli: „Nein. Und wenn ich ehrlich bin, habe ich natürlich gemerkt, wenn Tom etwas von mir wollte. Aber ich konnte einfach nicht."

„Sie konnten nicht?"

„Nein. Und manchmal wollte ich auch nicht."

„Was macht denn den Unterschied zwischen: ich konnte und ich wollte nicht?"

Lilli brauchte ein bisschen Zeit zum Überlegen: „Ich konnte manchmal nicht, weil ich so erschöpft war und nach der Geburt mit meinem Körper klar kommen musste. Ich hatte eine Menge zugenommen und fühlte mich nicht besonders attraktiv. Irgendwie habe ich an Sex überhaupt nicht mehr gedacht. Ich hatte so viel mit dem richtigen Leben zu tun. Und ich wollte nicht, wenn Tom mich bedrängt hat. Wenn er mir Vorwürfe gemacht hat und immer wütender wurde."

„Ok, das kann ich nachvollziehen. Ein Kind zu bekommen ist nicht nur körperlich sehr anstrengend, es verändert auch das Beziehungsleben. Plötzlich ist man nicht mehr alleine ein Paar, mit einem Mal wird man zu Eltern. Und das Kind bringt alles durcheinander.
Nicht nur den Alltag, sondern auch das Beziehungsleben. Und es sagt einem ja auch keiner vorher, wie anstrengend es tatsächlich ist, Eltern zu sein. Uns wird ja vorgegaukelt, dass es die Glückseligkeit schlechthin ist. Stimmt aber ja nur bedingt. Da kommen einem dann schon mal Gedanken, für die man sich dann vielleicht sogar schämt, weil man denkt, keine gute Mutter oder kein guter Vater zu sein. Ich kann mich auch noch gut daran erinnern, dass ich manchmal mein altes Leben zurückhaben wollte. Meistens in den Momenten, in denen ich komplett überfordert war. Und das ist man beim ersten Kind ja sehr oft."

Tom zu Lilli: „Ich habe dir immer gesagt, dass es mich nicht stört, dass du deine alte Figur noch nicht wieder zurück hast. Im Gegenteil, ich finde dich toll so!"

"Tom, für Sie ist es sicher auch nicht einfach. Auch Ihr Leben hat sich komplett verändert. Und Sie haben da jetzt auch noch jemanden, der all die Zärtlichkeit bekommt, der alle Aufmerksamkeit und Kraft Ihrer Frau bekommt. Und Sie gucken in die Röhre. Da kann ich schon nachvollziehen, dass sich da Frust bemerkbar macht."

„Stimmt, aber natürlich liebe ich mein Kind und der braucht ja auch noch so viel."

„Sicher ist das so. Aber Sie brauchen eben auch Nähe und Zärtlichkeit und Sex. Wie war es denn vor der Geburt Ihres Sohnes mit der Sexualität? Hatten Sie damals schon unterschiedliche Bedürfnisse, was die Häufigkeit angeht?"

Lilli schüttelte den Kopf: „Nein, es war immer schön und selbst in der Schwangerschaft hatten wir regelmäßig Sex. Ich weiß auch nicht, warum die Lust sich ausgeknipst hat."

Tom nickte: „Eben! Und das verstehe ich nicht. Wo ist das geblieben?"

„Vermutlich müssen Sie gemeinsam nach dem Schalter suchen. Erinnern Sie sich noch daran, was Ihnen Spaß gemacht hat? Was Sie erfüllt hat?"

Beide nickten und schauten sich an. Und Tom sagte ganz plötzlich: „Schatz, es tut mir leid, dass ich so drängelnd und fordernd war. Ich habe dir wirklich die ganze Schuld an meinem Frust gegeben."

Lilli nahm Toms Hand: „Danke. Mir tut es auch leid. Ich war ja auch wirklich manchmal nicht so ganz einfach – um nicht zu sagen ganz schön zickig."

Beide mussten lachen.

„Also, ich möchte Ihnen ein paar Hausaufgaben aufgeben. Vielleicht erscheint es Ihnen ein bisschen viel. Aber bitte, es darf ja auch ruhig ein bisschen anstrengend sein. Es geht ja schließlich um was. Gucken Sie mal, was Sie bis zu unserem nächsten Termin so schaffen. Wenn Sie Hilfe brauchen oder Fragen haben, wissen Sie ja, dass Sie anrufen dürfen."

Was Sie tun können

Was Tom und Lilli in den folgenden Wochen als „Hausaufgaben"
tun sollten, kann vielleicht auch Ihnen helfen. Probieren Sie es einfach aus:

* Sprechen Sie miteinander und teilen Sie Ihrem Partner Ihre
  Wünsche, aber auch Ihre Unzufriedenheit, was das Thema
  Sexualität betrifft, mit. Das ist sicher nicht immer ganz ein-
  fach, denn über dieses sensible Thema zu sprechen, sich
  zu öffnen, fühlt sich manchmal an, als wäre man nackt.
  Das macht unsicher und verletzlich.

* Überlegen Sie zusammen, wie Sie sich Ihre sexuellen
  Bedürfnisse erfüllen können, anstatt nach den Ursachen
  Ihrer sexuellen Unlust zu forschen.

* Trauen Sie sich, seien Sie mutig! Sagen Sie Ihrem Partner,
  was Ihnen bisher oder früher Spaß gemacht und Sie befriedigt
  hat. Sagen Sie ihm, wie Sie sich den Sex mit ihm vorstellen,
  was Sie gerne einmal ausprobieren möchten. Sagen Sie aber
  auch, was gar nicht für Sie geht und wo Ihre Grenze ist.

* Hören Sie sich gegenseitig achtsam zu und versuchen Sie,
  anstelle der Unterschiedlichkeiten, die Sie ja sicher schon
  in anderen Situationen und Momenten festgestellt haben,
  Gemeinsamkeiten zu finden.

* Nehmen Sie sich Zeit dafür, ein Paar zu sein. Nehmen Sie
  sich Zeit für Ihre Sexualität. Und wenn Sie Kinder haben,

dann dürfen Sie die Elternebene immer auch wieder mal verlassen, um nur noch für sich, für einander da zu sein. Das muss ja nicht immer gleich für ein ganzes Wochenende sein. Schaffen Sie sich auch im Alltag kleine „Liebesinseln", um sich zu küssen, zu berühren oder sich im Vorbeigehen mal etwas ins Ohr zu flüstern.

* Erzählen Sie sich gegenseitig, wodurch Sie sich begehrt fühlen.

* Schaffen Sie Nähe, die ohne Sexualität sein kann, die aber auch Lust auf Sexualität entstehen lassen darf.

* Entscheiden Sie, wie Sie und Ihr Partner Ihre Sexualität leben wollen. Denken Sie daran: Wenn Sie und Ihr Partner sich einig sind, gibt es keine richtige oder falsche Sexualität.

* Finden Sie gemeinsame Wege der Lust, Zufriedenheit und der Erfüllung. Trauen Sie sich, Ihre eigenen Bedürfnisse wahrzunehmen, anzuerkennen und sie zu leben.

* Finden Sie mit Ihrem Partner einen stimmigen Rahmen, um Ihre Lust leben zu können.

* Probieren Sie sich aus, seien Sie mutig und neugierig. Spielen Sie miteinander und vergessen Sie Ihren Humor nicht. Lachen Sie also auch einmal, wenn etwas komplett daneben geht.

* Nehmen Sie sich Zeit für Ihre Sexualität und erlauben Sie sich Ihre Sexualität, wenn Sie eigentlich mal so gar keine Zeit haben.

* Respektieren Sie Ihre, aber auch die Grenzen Ihres Partners. Seien Sie also geduldig und achtsam. Verabreden Sie bei Bedarf (bei Schmerzen, Triggern, einem plötzlichen Nein-Gefühl) ein Stoppzeichen, das jederzeit und ohne Begründung respektiert wird.

* Verabreden Sie sich zum Essen. Machen Sie sich für Ihren Partner schön. Fahren Sie getrennt ins Restaurant und gemeinsam wieder nach Hause.

* Verraten Sie sich gegenseitig Ihre Phantasien. Wenn Sie Hemmungen haben, legen Sie sich ein kleines Büchlein zu, in das Sie alles hineinschreiben können, was Ihnen in den Sinn kommt. Ihr Partner kann es dann lesen, wann immer er mag, darauf antworten oder Sie beim nächsten Mal überraschen.

* Lassen Sie Ihre Lust durch Medien wie pornografische Filme oder Bücher unterstützen. Machen Sie aber bitte nicht den Fehler, sich hinsichtlich Schönheit, Ausdauer oder akrobatischer Verrenkungen zu vergleichen. Haben Sie einfach nur Spaß.

* Denken Sie daran, dass auch Stress sexuelle Unlust erzeugen kann. Also: Keine Lust bei Stress ist völlig in Ordnung. Nicht in Ordnung hingegen ist, nicht zu versuchen, etwas gegen den Stress zu unternehmen.

* Und wenn Sie so gar nicht zueinander finden, überlegen Sie einmal, wie Sie in Ihrem Alltag gerade miteinander umgehen. Gibt es Unstimmigkeiten, Missverständnisse, Verletzungen und Vorwürfe? Fehlen Nähe und Vertrauen zueinander? Denken Sie daran, dass ein Partner, der sich nicht geliebt, verstanden und gesehen fühlt, dem anderen auch nicht körperlich nah sein kann oder will. Denn wie kann sich jemand öffnen und berühren lassen, wenn er zum Beispiel gerade verletzt wurde.

* Fragen Sie nach, ob Sie etwas für Ihren Partner tun können, anstatt sich nur um die eigenen Befindlichkeiten, die eigenen Bedürfnisse zu kümmern.

Tom und Lilli haben übrigens ihren Termin, den wir verabredet hatten, abgesagt. Stattdessen bekam ich eine Mail:

Liebe Frau Kaddik,

Sie hatten ja mal gesagt, dass Sie sich freuen würden, wenn wir den weiteren Termin erst einmal nicht bräuchten, weil wir es gut alleine hinkriegen. Wir können Ihnen diese Freude machen und möchten unseren Termin gerne absagen.

Wir haben die Hausaufgaben gemacht. Anfangs war es noch ein bisschen komisch, aber so nach und nach wurde es leichter. Den Knoten bei uns beiden ließ tatsächlich Ihre Frage nach unserem Sexleben vor der Geburt unseres Sohnes platzen. Uns daran zu erinnern war schon toll und hat uns geholfen, wieder aufeinander zuzugehen. Das war anfangs auch nicht so leicht, wir waren doch ziemlich aus der Übung. Oft hatten wir Ihre Worte im Ohr: „Es hat keiner gesagt, dass es immer leicht sein muss, Sie dürfen sich gerne auch mal ein bisschen anstrengen."

Wir haben uns angestrengt. Und es geht uns viel besser miteinander.

Es ist schön zu wissen, dass wir uns jederzeit bei Ihnen melden dürfen.

Vielen Dank für Ihre Unterstützung

Lilli und Tom

Vergessen Sie nicht,
ein Paar zu sein!

Kommt Ihnen das bekannt vor? Das geht ja vielen Paaren so.
Irgendwann fehlt einem einfach – gefühlt – die Zeit füreinander,
weil der Alltag einen auffrisst, weil die Kinder so viel Zeit brauchen,
der Job, der Haushalt, der Sport etc. Irgendwann hat man für sich
selber kaum noch Zeit, nicht einmal, um Luft zu holen. Da bleibt
auch das Paarleben gerne mal auf der Strecke.

MACHEN SIE EINEN TERMIN!

Wenn es bei Ihnen so ist, dann ist es nicht nur wichtig, dass Sie für
sich selbst Freiräume schaffen, sondern dann macht es tatsächlich
auch Sinn, einen festen Zeitpunkt in der Woche für sich als Paar zu
verabreden.

Natürlich kann immer mal etwas dazwischen kommen und
natürlich sollen Sie sich auch Ihre Spontaneität erhalten – trotzdem bieten fest verabredete Termine zwischen den Partnern ein
Stück Beziehungs-Stabilität und Sicherheit. Planen Sie beispiels-
weise einen Abend in der Woche fest als Paar-Abend ein, die rest-
liche Wochenzeit bietet dann noch genügend Raum für Alltags-
und Spontanaktivitäten.

BLEIBEN SIE FLEXIBEL

Bedenken Sie aber, dass nichts in Stein gemeißelt ist. Versuchen Sie
also flexibel zu bleiben. Es ist ja möglich, dass Sie oder Ihr Partner
ausgerechnet an Ihrem Paar-Tag Ihre Ruhe brauchen oder dass

Ihnen das „richtige Leben" dazwischen kommt und zum Beispiel der Babysitter absagt.

Und natürlich kann es auch passieren, und es wird passieren, dass Sie in Ihrer gemeinsamen Zeit gar nicht wissen, was Sie jetzt gerade miteinander überhaupt anfangen sollen. Oder dass Sie den Druck verspüren, nun unbedingt etwas ganz Tolles unternehmen zu müssen, weil die Kinder aus dem Haus sind, Sie endlich mal eine freie Wohnung zur Verfügung haben für, zum Beispiel, hemmungslosen Sex oder was Sie auch immer mal wieder machen wollen, aber nicht machen konnten. Tja, und dann merken Sie, dass Sie überhaupt keine Lust dazu haben oder einfach nur müde sind und vor dem Fernseher abhängen möchten.

Macht ja nichts! Tun Sie sich keinen Zwang an! Auch das kann sehr schön sein. Wenn beide das möchten. Wenn aber die Bedürfnisse für diesen Moment sehr weit auseinander gehen, dann kann da schon mal Frust aufkommen. Versuchen Sie aber trotzdem, auf Vorwürfe oder einen inneren Rückzug zu verzichten. Natürlich dürfen Sie enttäuscht sein, und natürlich dürfen Sie das auch sagen. Versuchen Sie aber auch, ein bisschen Verständnis zu zeigen, großzügig zu sein und vielleicht sogar einen Plan B für solche Situationen und Momente zu verabreden.

Was Sie tun können

Bleiben Sie vor allen Dingen entspannt. Aber handeln Sie und werden Sie konkreter als immer nur zu sagen: „Wir müssten, wir könnten ja mal wieder …"

✳ Setzen Sie sich also zusammen und erzählen Sie sich von Ihren Wünschen und Vorstellungen, wie Sie sich eine schöne Zeit zusammen vorstellen. Trauen Sie sich auch gerne, ein wenig zu phantasieren oder sogar zu übertreiben.

✳ Machen Sie einen Plan und schreiben Sie auf, was Sie sich vorgenommen haben. Denken Sie an einen Plan B oder C – falls etwas dazwischen kommen sollte.

✳ Erinnern Sie sich an die Zeit des Verliebtseins. Was haben Sie damals zusammen gemacht? Was hat Ihnen Freude und Spaß bereitet? Was hat Sie erfüllt? Aber auch: Was möchte ich schon lange gerne einmal wieder mit dir zusammen machen? Was macht uns glücklich und zufrieden?

✳ Verabreden Sie einen festen Termin in der Woche für sich als Paar. Und denken Sie daran: Sie müssen nicht immer außer Haus gehen, um es schön miteinander zu haben.

✳ Suchen Sie sich auch im Alltag kleine „Paarinseln". Verändern Sie etwas, anstatt auszuhalten, was Ihnen nicht gefällt. Nehmen Sie sich zwischendurch in den Arm, sagen Sie sich etwas Schönes. Schauen Sie sich mal wieder richtig und lange in die Augen. Atmen Sie den Duft Ihres Partners einmal bewusst ein. Berühren Sie sich im vorbei gehen, küssen Sie sich mal ein bisschen öfter. Einfach nur so!

✳ Spüren Sie nach, wie es Ihnen geht, wenn Sie von sich aus auf Ihren Partner zugehen, aber auch wenn Sie plötzlich und unerwartet umarmt oder geküsst werden.

✳ Trauen Sie sich! Haben Sie es schön miteinander!

REGINA UND DAVID UND IHR BEZIEHUNGSKONTO

Regina und David waren ein paar Jahre zuvor schon einmal bei mir, weil sie ein generelles Kommunikationsproblem hatten. Dadurch gab es viele Missverständnisse und Verletzungen, die in den Sitzungen aber geklärt werden konnten. Nun hatten Sie erneut um einen Termin gebeten.

„Auch wenn es sich vielleicht komisch anhört – ich freue mich, Sie zu sehen. Sie sind immer noch ein Paar!"

Beide lächelten mich an und David sagte: „Ja, uns hat dieses Kommunikationstraining hier bei Ihnen wirklich gut getan und wir halten uns auch immer noch an unsere Abmachungen. Wir haben auch immer noch ein Codewort."

Regina: „Stimmt, allerdings benutzen wir es kaum noch."

„Wie schön. Und weshalb treffen wir uns heute wieder?"

Regina fing sofort an zu erzählen: „Wir sind mal wieder an einem Punkt angekommen, an dem es schwierig geworden ist. Und da nützen unsere guten Vorsätze manchmal so gar nicht."

„Das hört sich anstrengend an. Erzählen Sie mal."

„David hat einen neuen Job. Und nicht, dass ich hier missverstanden werde, ich freue mich für ihn und für uns und ich sehe auch, wie viel Spaß es ihm macht."

„Aber?"

Regina legte ihre Stirn in Falten: „Aber er ist so gut wie nicht mehr zu Hause. Es gibt gerade nur noch die Arbeit. Wir haben darüber gesprochen, und ich war ja auch bereit, das mitzutragen und ihn zu unterstützen. Aber ich fühle mich vom einen Konzept zum nächsten Projekt verschoben. Ich soll immer nur Geduld und Verständnis haben. Hatte ich auch. Aber nun ist noch etwas dazu gekommen. Wenn er frei hat, dann geht er neuerdings nämlich zum Sport. Und unsere Tochter sieht David auch nur noch, wenn sie schon fast im Bett ist. Und auch die Wochenenden arbeitet er. Oder er muss sich ausruhen. Alleine natürlich. Und natürlich sollen wir da sein, ihn aber in Ruhe lassen."

„Was meint Ihre Frau damit?" David grinste ein bisschen, als er sagte: „Naja, da hat Regina schon recht. Ich möchte die beiden schon in der Nähe wissen…"

„…aber nichts mit ihnen unternehmen?"

David nickte und Regina sagte: „Wir haben schon gar kein richtiges Familienleben mehr. Ich mach mit unserer Tochter mein Ding und David seins. Als Paar existieren wir eh schon lange nicht mehr."

„Was heißt das genau? Keine Zeit? Keinen Sex?"

David ging dazwischen: „Das liegt ja nun nicht nur an mir. Wenn ich mal will, dann blockt Regina ab."

„Sehen Sie? Da ist es schon wieder! Wenn ER mal will! Aber ich wollte eigentlich erst einmal über das andere sprechen. Also der neue Job. David hat sich so verändert. Es geht nur noch um seine Aufstiegsmöglichkeiten. Und je mehr er dann arbeitet, desto mehr braucht er einen Ausgleich. Wie ich ja schon sagte, er macht nämlich jetzt auch noch Sport!"

David: „Immer diese Sticheleien. Wie oft soll ich dir denn noch sagen, dass ich – dass wir da jetzt durch müssen. Solange, bis ich den neuen Posten habe."

„Und was wird dann anders – also wenn Sie befördert wurden?" David guckte mich an, als wüsste er nicht, was ich meine. Ich fragte deshalb noch einmal nach: „Ist das ein ruhigerer Job mit festen Arbeitszeiten?"

Bevor David etwas sagen konnte, brach es fast aus Regina heraus: „Natürlich nicht. Er bekommt mehr Verantwortung, mehr Geld und er ist noch mehr unterwegs, weil er reisen muss!"

„Sie sind ziemlich sauer, oder? Wenn Ihre Wut jetzt gerade reden könnte, was würde die David am liebsten sagen?"

Regina fing an zu weinen. „Ich vermisse den alten David. Ich vermisse die schöne Zeit mit ihm."

Ich sah David an und er erwiderte: „Ich will das ja auch, aber es geht gerade nicht. Wir hatten das abgesprochen und Regina hat mir versichert, mich zu unterstützen. Und ich will diese Führungsposition. Das ist mein Ziel, das spornt mich gerade an." Und dann fügte er noch hinzu: „Und außerdem – ich mache das doch alles nur für meine Familie!"

„Naja, und ein bisschen doch auch für Ihr Ego, oder?"

David winkte ab: „Ja, natürlich. Ich sagte ja schon, dass ich richtig Lust darauf habe."

"Ein ziemliches Dilemma gerade für Sie beide. Regina, Sie haben David zugesagt, ihn zu unterstützen und merken nun, dass das gerade alles in eine ganz andere Richtung geht als gedacht. Sie wünschen sich mehr Zeit für die Familie, aber auch als Paar. Und Sie, David, wünschen sich vermutlich auch Zeit mit Ihrer Familie, freuen sich aber über diese große

Chance und geben im Job Ihr Bestes. Gleichzeitig erwarten Sie aber von Regina, dass sie die Füße still hält und alles mitträgt, bis Sie soweit sind. Das schafft sie aber nicht und macht Ihnen Vorwürfe, was Sie dann wieder unter Druck setzt."

Ich sah beide an: „Was haben Sie denn schon selber unternommen, damit es besser wird?"

Regina: „Naja, wir haben geredet. Und ich habe David gesagt, dass das so nicht geht. Dass wir unsere freie Zeit anders einteilen müssen."

„Ja, aber haben Sie auch darüber geredet, wie das denn gehen soll?"

Beide schüttelten den Kopf und David sagte: „So weit kommen wir eigentlich nie. Wir streiten dann."

Es war an der Zeit, sich das Beziehungskonto der beiden einmal genau anzusehen.

REGINA UND DAVID IM BEZIEHUNGSMINUS

Regina und David haben sich also in der Sitzung einmal ganz genau ihre Beziehungskontoauszüge angeschaut und festgestellt, dass sie in ein ordentliches Beziehungsminus gerutscht waren. Sie bekamen von mir eine Hausaufgabe, die ich auch Ihnen empfehlen möchte, wenn Ihr Konto in den Miesen steht.

DAS BEZIEHUNGSKONTO

Wenn wir verliebt sind, „zahlen" wir, ohne mit der Wimper zu zucken und ohne besondere Anstrengung, viel und gerne auf unser Beziehungskonto ein. Es ist doch selbstverständlich, dass wir alles für unsere Liebe tun. Wir sind großzügig, machen und erledigen Dinge, die wir eigentlich gar nicht so gerne tun oder mögen, gehen manchmal sogar über unsere Grenzen – alles aus Liebe!

Und es macht auch nichts, wenn der Partner immer mal wieder ein bisschen mehr abhebt, als er einzahlt. Er sich also verwöhnen, bedienen und organisieren lässt. Die Liebe ist so großzügig.
Er wird es schon irgendwann einmal zurückzahlen. Irgendwann wird er das Ruder umdrehen und mir Gutes tun. Und außerdem, das, was ich gerade mehr einzahle, reicht doch dicke für beide.

Aber irgendwann im Laufe der Beziehung wird die Zeit kommen, und dann wird demjenigen, der immer ordentlich eingezahlt hat, bewusst, dass es ein Ungleichgewicht auf dem Konto gibt.
Das zu erkennen, macht unzufrieden, traurig, wütend. Und wenn man dann irgendwann den Partner darauf hinweist, wird man vermutlich nur auf Unverständnis stoßen, weil der andere das doch so normal findet und gar nicht weiß, warum er denn nun plötzlich etwas ändern soll. Es ging doch die letzten Jahre auch alles wunderbar so.

Und plötzlich zahlen beide nichts mehr ein oder heben nur noch ab. Das Ergebnis ist ein Beziehungskonto im Minus. Spätestens dann wird der Partner – meistens durch Vorwürfe – daran erinnert, dass er ja NIE etwas gibt, sondern IMMER nur nimmt.

EINE KLEINE PAARÜBUNG:
DIE „ZEITTORTE"

Überlegen Sie gemeinsam, um was es Ihnen gerade geht. Geht es, wie im Fall von Regina und David, vielleicht um die gemeinsame Zeit? Vielleicht geht es Ihnen aber auch um Ihre jeweiligen Aufgaben im Alltag.

* Schreiben Sie also genau auf, welche Aufgaben in Ihrem Beziehungsleben zu erledigen sind, bzw. wie viel Zeit Ihre täglichen Aufgaben beanspruchen. Dazu gehören alle Aufgaben von: „Aufräumen" über die „Kinderbetreuung" bis hin zur „Entfernung der Zahnpastaflecken" – oder wie bei Regina und David – die Arbeitszeit, die Fahrtwege, der Sport, die Hobbys usw.

* Danach nimmt sich jeder ein rundes Blatt Papier, zeichnet einen Punkt in die Mitte des Blattes und von da aus „Tortenstücke" in der Breite der Häufigkeit der von ihm erledigten Aufgaben/Arbeiten, bzw. der Zeiten, die dafür in Anspruch genommen werden. Es geht um all die Tätigkeiten, für die man in der Beziehung zuständig ist und die man auch tatsächlich erledigt. Alle Aufgaben, die vorher zusammen aufgeschrieben wurden, sollten berücksichtigt werden.

* Wenn beide Partner ihre Torte angefertigt haben, werden die Blätter nebeneinander gelegt und angesehen. Wie sehen Ihre „Torten" aus? Wer hat welche „Stücke" in welcher Größe? Sind die Torten gerecht verteilt? Wer kann wem noch ein Stück abnehmen oder abgeben? Wie sähe zum Beispiel eine „Torte" aus, die Sie beide „mögen"?

* Schneiden Sie Ihre Torten auseinander und setzen Sie die Stücke jeweils so zusammen, dass am Ende jeder vor einer Zeittorte sitzt, mit der er zurechtkommt, und die Ihnen beiden „schmeckt".

David war sehr erstaunt, als er seine und Reginas Torte miteinander verglich. Jetzt verstand er, was sie wirklich meinte. Die beiden schnitten nun auch die jeweiligen Tortenstücke aus setzten sie zu neuen Zeittorten zusammen. David konnte nun – trotz seiner knappen Zeit – ganz konkrete Aufgaben im Familienalltag übernehmen. Und nicht nur, um Regina zu entlasten. Er hatte einfach erkannt, dass er sich in seiner Beziehung zu seiner Frau wirklich sehr zurückgelehnt hatte, um sein Ding durchzuziehen. Aber auch Regina erkannte anhand der Torte, dass sie beide doch mehr Zeit miteinander verbrachten, als es ihr bewusst war. Es blieben tatsächlich kleine Tortenstücke für ihre Beziehungszeit übrig, die sie fortan mit vielen schönen Dingen „belegen" wollten.

ACHTEN SIE AUF IHRE KONTOFÜHRUNG

Achten Sie also darauf, dass das Konto Ihrer Beziehung immer einigermaßen ausgeglichen ist. Und dass es vor allen Dingen nicht ins Minus rutscht. Wir wissen alle, wie anstrengend es ist, einen Dispo wieder auszugleichen.

Denken Sie aber auch daran, dass nicht jeder immer die gleiche Summe einzahlen muss, bzw. abnehmen darf. Es gibt in jedem Beziehungsleben immer wieder Momente, in denen sich die Ein- und Auszahlungen etwas ungleich zueinander verhalten. Aber solange Plus oder Minus noch überschaubar sind, wird der Ausgleich unter dem Strich nicht so anstrengend und frustrierend sein.

Rutscht Ihr Konto dann aber doch mal kräftig ins Minus, sprechen Sie zeitnah darüber und überlegen Sie gemeinsam, wie Sie das Konto wieder ausgleichen können. Hat Ihr Partner im Moment allerdings ganz andere Wünsche und Bedürfnisse, dann muss das auch nicht im Stress enden: Dann einigt man sich eben darauf, das Minus noch ein bisschen auszuhalten. Setzen Sie sich aber eine Frist, damit Sie beide nicht die Übersicht über Ihr gemeinsames Konto verlieren.

DAS ZWIEGESPRÄCH

oder: Lernen Sie sich doch mal wieder ein bisschen besser kennen

Überlegen Sie mal: Mit wem leben Sie eigentlich zusammen? Mit wem teilen Sie Tisch, Bett und Ihren Alltag? Kennen Sie Ihren Partner wirklich? Wissen Sie, was er denkt, fühlt, womit er sich beschäftigt, was ihn quält und was ihm wichtig ist?

Und kennt Ihr Partner Sie? Vielleicht sagen Sie jetzt: »Natürlich kenne ich meinen Partner! Ich weiß, wie er heißt, wann er geboren ist, und kenne sein Lieblingsessen. Ich weiß aber vor allen Dingen, dass er seine Socken überall rumliegen lässt und gerne zu spät kommt. Außerdem weiß ich...« Ok, das war jetzt vielleicht ein bisschen übertrieben, Sie wissen bestimmt noch viel mehr. Aber vielleicht bin ich doch näher an der Wahrheit, als Sie es zugeben möchten. Sie werden es genauer wissen.

So, wie wir uns am Anfang der Beziehung voller Verliebtheit kennen und er-kennen gelernt haben, so ver-kennen wir uns im Laufe unseres Beziehungslebens immer wieder. Wenn Sie also er-kennen, dass es gerade nur noch sehr wenig WIR gibt, dann ist der passende Zeitpunkt gekommen, sich wieder mal ein bisschen besser kennenzulernen, sich zu er-kennen.

Probieren Sie doch zusammen einmal folgende Übung aus. Ich bin sicher, dass Sie erstaunt sein werden, wer da wirklich mit Ihnen zusammen Rücken an Rücken sitzt (Übung folgende Seite).

Das Zwiegespräch (nach M. L. Moeller)

✳ Nehmen Sie sich Zeit füreinander und setzen Sie sich gemütlich Rücken an Rücken aufs Sofa, aufs Bett oder auf den Fußboden. Stellen Sie einen Wecker auf fünf Minuten (Wenn Sie diese Übung regelmäßig machen, können Sie die Zeiten je nach Bedarf gerne ausweiten).

✳ Einer von Ihnen beginnt sich dem Partner mitzuteilen, gibt ihm also die Gelegenheit, etwas über seinen Partner zu erfahren. Über das, was ihn beschäftigt, bewegt, traurig oder glücklich macht. Über seine Träume, Ängste aber vielleicht auch über etwas, was ihn gerade sehr glücklich macht.

✳ Der zuhörende Partner darf nicht unterbrechen, darf keine Fragen stellen. Er hört „nur" aufmerksam zu. Wenn der Wecker klingelt, wird gewechselt, dann ist der Partner, der bisher zugehört hat, an der Reihe und redet ebenso über sich und das, was ihn beschäftigt, bewegt, umtreibt.

✳ Beachten Sie bitte, dass zwischen dem Wechsel keine Fragen, Antworten oder Meinungen zu dem Gehörten ausgetauscht werden.

✳ Wenn die Uhr ein zweites Mal geklingelt hat, entscheiden Sie, ob Sie noch ein Weilchen so sitzen bleiben möchten. Ob Sie darüber sprechen möchten, was Sie empfunden und gedacht haben. Vielleicht haben Sie aber auch das Bedürfnis, sich umzudrehen und sich anzusehen, um dann noch ein bisschen weiter zu sprechen.

✳ Spüren Sie nach, wie es Ihnen geht, wenn sich Ihre Oberkörper berühren, Sie sich aber nicht ansehen können. Fällt es Ihnen vielleicht ein wenig leichter, über sich zu sprechen? Wie fühlt es sich an, wenn Sie Ihrem Partner zuhören, ohne ihn zu sehen?

Wichtig: Verabreden Sie einen festen Termin einmal pro Woche. Vielleicht nutzen Sie Ihre Paarzeit für diesen schönen Austausch. Versuchen Sie, sich wirklich darauf einzulassen, tatsächlich nur zuzuhören. Ich weiß, dass das schwer ist, weil einem zu dem Gehörten natürlich sofort Gedanken, eigene Meinungen, Sichtweisen, Widerstände, Gegenargumente einfallen. Wenn Sie aber dran sind, zuzuhören, dann sollten Sie achtsam sein, nichts anderes – Sie erhalten schließlich gerade ein Geschenk: Ihr Partner offenbart Ihnen gerade sein Innerstes.

Wenn Sie sich mitteilen und wissen, dass Sie nicht unterbrochen werden dürfen, bedeutet das nicht, die Gunst der Stunde zu nutzen, um dem Partner mal ordentlich die Meinung zu sagen. Es geht darum, dem Partner wichtige oder auch intime Informationen mitzuteilen, damit er erfährt: Wer ist das eigentlich, mit dem ich hier zusammenlebe.

Das Wörtchen DU ist bei dieser Übung übrigens tabu. Sie reden über sich, nicht mit ihrem Partner. Das bedeutet auch, während dieser Übung keine schweren oder heiklen Themen anzusprechen.

Es geht bei dieser Übung nur darum, sich besser kennenlernen, sich wieder näher kommen zu dürfen.

Ein paar Tipps zur täglichen Beziehungspflege

Im Alltag wird uns immer wieder deutlich, dass Beziehungsarbeit nicht nur schön und leicht ist, sondern auch immer wieder sehr anstrengend und schwer sein oder werden kann. Deshalb müssen wir auch immer wieder darauf achten, dass es entspannt bleibt, gerne aber auch mal aufregend und leicht sein darf. Und das kann schon mal anstrengend werden. Aber diese Anstrengungen lohnen sich, denn sie werden durch Nähe und eine tiefe Verbundenheit und ein wunderbares Zusammengehörigkeitsgefühl belohnt.

Wir haben also – gemeinsam oder auch jeder für sich – die Möglichkeit, uns dafür zu entscheiden, die Liebe wachsen und reifen zu lassen. Wir haben es in der Hand, eine schöne, erfüllende Beziehung zu leben, die auch schwere Momente aushält. Umso wichtiger ist es, gerade in den Momenten, die etwas anstrengender sind, sich an die schönen, erfüllenden Momente der Beziehung zu erinnern. Manchmal hilft es einem nämlich zu erkennen, dass vieles von dem „alten Guten" immer noch existiert. Wir müssen nur ab und an noch einmal hinsehen, hinspüren.

DIE GUTEN ALTEN ZEITEN!

Überlegen Sie doch einmal: Wann haben Sie und Ihr Partner etwas so Schönes erlebt, dass Sie sich bis an Ihr Lebensende daran erinnern werden? Über was können Sie sich noch heute vor Lachen ausschütten? Wann waren Sie sich ganz besonders nah?

Jede dieser Erinnerungen ist ein Beziehungs-Schatz! Reden Sie ab und an einmal über diese gemeinsam erlebten Momente. Erzählen

Sie sich gegenseitig, was schön für Sie war und an was Sie sich auch heute noch gerne erinnern, weil es in Ihnen immer noch schöne Gefühle weckt. Liebesgeschichten helfen dabei, gute Erinnerungen an die Beziehung und gute Gefühle zu reaktivieren. Denken Sie daran: Ihre gemeinsame Zeit und Ihre gemeinsamen Erlebnisse verleihen Ihrer Beziehung und Ihrer Liebe etwas ganz besonderes.

In den Sitzungen mit meinen Paaren frage ich – gerade in den Momenten, in denen aus Sicht der Paare gar nichts mehr geht – gerne:

„Erinnern Sie sich eigentlich noch, wann und wie Sie Ihren Partner kennengelernt haben? Wo war das? Und was ist Ihnen an Ihrem Partner aufgefallen? Was hat Sie angesprochen, angemacht, berührt? Wie kam es dazu, dass ausgerechnet dieser Mensch Ihr Interesse geweckt hat? Was haben Sie getan, um sich bemerkbar zu machen?

Als Sie dann ein Paar wurden, wie hat sich Ihr Leben verändert? Was hat Sie verbunden, welche gemeinsamen Interessen hatten Sie? Was haben Sie inzwischen alles zusammen erlebt? Welche Abenteuer haben Sie zusammen bestanden? Welche Schwierigkeiten haben Sie gemeinsam gemeistert? An welche schönen Erlebnisse, Erfahrungen, Begebenheiten erinnern Sie sich heute noch besonders gerne?"

Und ich erlebe immer wieder, wie sich die Stimmung komplett verändert. Die Paare gucken sich oft das erste Mal in der Sitzung an, lächeln und manche rutschen in dem Moment unbewusst sogar ein wenig näher zusammen. Diese schönen Erinnerungen lösen ein Gefühl aus. Ein Gefühl von „es war wirklich einmal schön mit uns".

EINE KLEINE PAARÜBUNG

Diese Fragen möchte ich auch Ihnen gerne stellen. Setzen Sie sich mit Ihrem Partner zusammen und erzählen Sie sich gegenseitig, wie es Ihnen damals erging. Wie geht es Ihnen heute, wenn Sie sich daran erinnern? Was spüren Sie in diesem Moment? Kommen

Gedanken wie „Weißt du noch?" Was empfinden Sie, wenn Sie Ihrem Partner zuhören, wenn er erzählt, wie es für ihn war?

Stellen Sie sich und Ihrem Partner auch folgende Fragen:

* Was sagt mein Herz zu dir?
* Was glaube ich, erzählt dein Herz von mir?
* Gehen wir eigentlich immer noch liebevoll miteinander um?
* Was tue ich für Dich und unsere Beziehung?
* Was fällt uns manchmal noch ein bisschen schwer?
* Was sehe ich, dass du für mich, für uns tust?
* Welche Krisen haben wir bisher durchlebt und überstanden? Was haben wir getan um das zu schaffen? Wer hat uns helfen können?
* Wie gehen wir damit um, wenn es anstrengend ist? Für dich, für mich, für uns?
* Was haben wir aus unserer letzten Krise gelernt? Was hat sich seitdem verändert?
* Wie kommunizieren wir miteinander? Lassen wir uns gegenseitig ausreden? Hören wir uns zu?
* Können wir auch schwere Themen miteinander besprechen?
* Gehen wir im Alltag, aber auch bei Stress respektvoll miteinander um?
* Was hat uns bisher immer geholfen, auf was müssen wir in Zukunft noch ein wenig mehr achten?
* Wie gehen wir mit unseren eigenen Päckchen, mit Verletzungen um? Übernehmen wir die Verantwortung für unser Tun?

Nehmen wir Rücksicht auf die wunden Punkte des jeweils anderen?

* Tanzen wir unseren Tanz zwischen Nähe und Distanz harmonisch, im gleichen Rhythmus? Denken wir an unser „ICH – DU – WIR"?

* Was macht mich unzufrieden, wütend? Was bringt mich immer noch aus der Fassung? Was wünsche ich mir stattdessen?

* Sind wir gleichberechtigt? Sind wir beide bereit, alles zu tun?

* Helfen und unterstützen wir uns gegenseitig?

* Versuchen wir uns gegenseitig zu ändern oder akzeptieren wir den anderen in seinem Sein?

* Suchen wir nach Lösungen oder verharren wir, nur über Probleme redend, im Krisenstatus?

* Können wir Danke sagen und wertschätzen, was der andere tut?

* Respektieren wir die Grenzen des anderen, aber auch unsere eigenen, ohne den anderen zu bedrängen?

* Respektieren wir die privaten Bereiche des anderen?

* Was wünschen wir uns voneinander?

* Weiß ich, was du magst?

* Sagen und zeigen wir uns, dass wir uns lieben?

* Können wir miteinander lachen und darf es auch mal leicht sein?

Wichtig: Überfordern Sie sich nicht. Vielleicht suchen Sie sich immer mal wieder ein paar passende Fragen aus, um darüber zu sprechen. Und gehen Sie es lieber leicht und humorvoll an als verkrampft oder zu ernst.

WAS SIE SONST NOCH TUN KÖNNEN

Das Folgende können Sie zusätzlich tun, um Stoff für Ihre Beziehungsgeschichten zu sammeln:

* Sprechen Sie täglich miteinander. Und zwar nicht nur übers Wetter, den Job und die Kinder, sondern fragen Sie Ihren Partner, wie er sich heute fühlt, wie sein Tag war, was ihn bewegt und beschäftigt.

* Halten Sie aus Liebe zum Partner auch gerne mal „die Klappe". Sie dürfen natürlich alles denken, aber Sie müssen ja nicht immer alles sagen. Überlegen Sie also – bevor Sie etwas sagen –, welche Wirkung das Gesagte auf Ihren Partner haben könnte und mit welchen Konsequenzen bezüglich der Stimmung Sie eventuell rechnen müssen. Manchmal macht es wirklich Sinn, sich auf die Zunge zu beißen und bewusst großzügig und herzlich zu sein. Wenn das nicht klappt, auch ok. Dann suchen Sie sich aber bitte die passenden Worte aus, damit Sie ohne Vorwürfe und Klagen das sagen, was Sie meinen. Üben Sie trotzdem immer weiter, großzügig zu sein.

* Tauschen Sie Zärtlichkeiten miteinander aus. Küssen, umarmen, streicheln Sie sich. Körperliche Nähe ist wichtig für jede Beziehung. Es ist übrigens völlig in Ordnung, wenn Sie unterschiedliche sexuelle Bedürfnisse haben oder wenn die Lust weniger wird. Erinnern Sie sich trotzdem ab und an einmal daran, was Ihnen früher Spaß gemacht hat. Vielleicht bringt es Sie wieder ein wenig in Schwung.

* Seien Sie aufmerksam. Wenn Sie wissen, dass Ihr Partner beim Friseur war oder einen neuen Duft aufgelegt hat, dürfen Sie auch gerne einmal ein Kompliment machen. Aber meinen Sie auch, was Sie sagen, denn bevor Sie nur aus Höflichkeit was „Nettes" sagen wollen, sagen Sie lieber

nichts! (Wichtig für die Leserinnen: Bitte denken Sie daran: Auch Männer möchten gesehen, gelobt und begehrt werden!)

* Sehen Sie, dass Ihr Partner bedrückt ist, dann fragen Sie, ob Sie etwas tun können und signalisieren Sie, dass Sie für ihn da sind. Vermeiden Sie aber zu bagatellisieren oder auch Sätze wie: „Du musst doch nicht..." Denken Sie daran: Sie müssen die Gefühle Ihres Partners weder verstehen, noch „wegmachen". Seien Sie einfach nur da.

* Leben Sie Ihre Beziehungsrituale. Eine Klientin erzählte mir, dass ihr Mann ihr seit fast dreißig Jahren jeden Morgen einen Kaffee ans Bett bringt. Egal ob sie sich gerade mögen oder nicht – er hat bisher keinen Tag ausgelassen. Und das hat ihr tatsächlich in vielen anstrengenden Momenten geholfen, ihm gegenüber immer wieder etwas positiver gestimmt zu sein.

* Denken Sie daran, dass Ihr Partner nicht ahnen kann, was Sie wollen. Erwarten Sie also nicht, dass er sich immer so verhält, wie Sie es gerne hätten. Sagen Sie also lieber, dass Sie Unterstützung beim Kochen benötigen, anstatt nur laut mit dem Geschirr zu klappern, um darauf aufmerksam zu machen, dass Sie genervt sind, weil Sie – gefühlt – mal wieder alles allein machen müssen. Denken Sie aber daran, dass auch Ihr Partner Wünsche und Erwartungen an Sie hat, die er frei und offen ansprechen darf. Und falls Sie mal unsicher sind – fragen Sie einfach nach!

* Schmieden Sie gemeinsame Pläne. Wohin geht der nächste Urlaub? Bauen Sie ein Haus? Möchten Sie Kinder? Wollen Sie auswandern? Planen Sie Ihre gemeinsame Zukunft miteinander. Und lassen Sie Ihrer Phantasie gerne mal freien Lauf. Übertreiben Sie auch ruhig mal. Wenn Sie also genau wissen, dass ein Haus auf Sylt vermutlich immer

nur ein Wunsch bleibt, macht es doch ab und an Spaß, zusammen ein bisschen zu „spinnen".

* Seien Sie dankbar für das, was Sie miteinander haben, und schauen Sie nicht auf die vermeintlich grünere Wiese des Nachbarn. Wer sich vergleicht, hat schon verloren. Und wenn Ihnen etwas fehlt, dann kommunizieren und ändern Sie es.

* Sagen Sie nichts, was Sie nicht auch meinen oder wollen. Es macht wenig Sinn Ihrem Partner zu sagen, dass Sie fürchterlich gerne einmal einen Tanzkurs mit ihm besuchen möchten, wenn Sie ganz genau wissen, dass es das Letzte ist, was Ihnen Spaß machen würde.

* Müssen Sie gemeinsame (wichtige) Entscheidungen treffen, dann teilen Sie sich gegenseitig Ihre Meinungen mit. Halten Sie sich aus, wenn Sie völlig unterschiedliche Bedürfnisse haben. Und investieren Sie mehr Energie in die Lösung des Problems, statt immer und immer wieder nur das Problem zu benennen. Denken Sie aber auch daran, dass es Kompromisse gibt. Und lassen Sie sich helfen, wenn Sie merken, dass Sie in einer Sackgasse gelandet sind. Sie wissen doch: Manchmal braucht die Liebe ein wenig Unterstützung von außen.

* Zeigen Sie Ihrem Partner, dass Sie an ihn denken und schicken Sie zwischendurch mal eine Mail oder SMS. Bringen Sie eine Kleinigkeit mit, von dem Sie wissen, dass Ihr Partner das mag. Als mein Mann und ich für einige Jahre eine Wochenendehe führten, hat er mir jedes Wochenende aus einem ganz bestimmten Berliner Café mein Lieblings Petit Four mitgebracht. Dafür liebe ich ihn heute noch!

* Auch wenn Sie es sich noch so sehr wünschen: Vergessen Sie Verschmelzung und immerwährendes Glück für den Rest Ihres Lebens. Das gibt es nur im Kino. Geben Sie sich einfach einmal mit etwas „weniger" zufrieden. 100 Prozent

gibt es im richtigen Leben nicht. Und 25 Prozent können
für den einen oder anderen Moment manchmal auch ganz
schön sein!

✳ Gönnen Sie sich und Ihrem Partner ein wenig Eigenständig-
keit und Freiheit. Denken Sie an das Ich – Du – Wir! Respektieren Sie gegenseitig Ihre Privatsphäre.

✳ Gehen Sie erwachsen miteinander um. Vor allem Frauen
neigen dazu, gerne mal an ihrem Partner herumzunörgeln,
um sich dann zu beschweren, kein „drittes Kind versorgen"
zu wollen. Behandeln Sie Ihren Mann wie einen erwachsenen
Mann. Dann wird er sich vermutlich auch so benehmen.
Männer haben nämlich keine Lust darauf, von der eigenen
Frau erzogen zu werden. Und an die Männer: Sie dürfen
tatsächlich auch mal von alleine etwas tun, von dem Sie
doch genau wissen, dass es getan werden muss.

✳ Erkennen Sie auch mal an, dass Ihr Partner etwas besser
weiß oder sogar auch mal recht hat. Sie brechen sich keinen
Zacken aus der Krone, das zuzugeben.

✳ Haben Sie Spaß miteinander! Auch – oder gerade wenn Sie
Probleme haben. Suchen Sie sich gemeinsame „Problem-
auszeiten" um mal wieder Luft zu holen und Kraft zu tanken.
Tun Sie alles, was Ihnen Spaß macht! Gerne auch mal
überdosiert!

WAS MACHEN GLÜCKLICHE PAARE ANDERS?

Wer möchte es in seiner Beziehung nicht immer schön harmonisch haben? Bitte keinen Stress, keine großartigen Meinungs-
verschiedenheiten und schon gar keinen Streit. Glauben Sie aber
bitte nicht, dass glückliche Paare nie streiten. Und glauben Sie vor
allen Dingen nicht, dass Paare, die immer streiten, unglücklich
sind.

Zum Beziehungsleben gehört es nun einmal dazu, dass es auch mal anstrengend ist – und vor allen Dingen auch sein darf. Paare, die zufrieden miteinander leben, lassen sich durch anstrengende Beziehungsmomente oder -phasen nicht verunsichern. Sie sind tolerant und können ihren Partner aushalten und für sich prüfen, um was es ihnen denn jetzt gerade wirklich geht.

Und sie entscheiden auch, ob es sich für diese oder jene „unrunde" Situation lohnt, tatsächlich die Stimmung kippen zu lassen. Sie versuchen ihre Probleme zu lösen, statt nur darüber zu reden, und sie kümmern sich um das aktuelle Problem, anstatt immer wieder „die alten Geschichten" aufzuwärmen.

NOBODY IS PERFECT!

Eine langjährige Beziehung zwischen zwei Menschen, die sich lieben, ist oft wie eine zwischenmenschliche Achterbahnfahrt. Das kann auf die Dauer aber so anstrengend und zermürbend sein, dass viele Paare irgendwann am liebsten aussteigen würden.

Wenn wir aber sehen, dass es nicht nur bei uns so anstrengend ist, sondern auch um uns herum, tröstet uns das manchmal auch schon ein bisschen. Und dann versuchen wir, es besser oder richtiger oder eben anders als die anderen zu machen. Wir glauben nämlich an die Liebe und dass es doch möglich sein muss, eine gute, erfüllende Beziehung zu führen. Und wenn es so nicht klappt, wie wir uns das vorgestellt haben, dann hat eben einer etwas falsch gemacht – oder beide haben etwas falsch gemacht. Und dann muss man sich einfach „nur" ein bisschen mehr Mühe geben um „wieder" ein guter Partner, eine gute Partnerin zu sein. Wir geben also – im besten Sinne – unser Bestes um eine richtig gute Beziehung zu führen. Wie anstrengend! Und wie müßig!

Beziehungen sind nämlich nicht immer gut. Und das Leben auch nicht! Das Leben an sich ist anstrengend. Nicht perfekt, voller Höhen und Tiefen. Wir müssen also bereit sein, anzuerkennen, dass auch mal etwas schief laufen kann und schief gehen wird! Wir werden uns streiten, wir werden uns bewertet, kritisiert, missverstanden fühlen. Die Frage ist eigentlich nur: Wie gehen wir damit um? Wie schaffen wir es, den Blick immer auch wieder einmal in eine andere Richtung zu lenken, um uns daran zu erinnern, dass nicht grundsätzlich alles so schwer ist, nicht alles so schief läuft, wie es sich momentan vielleicht anfühlt.

GLÜCKLICHE PAARE MÄKELN NICHT!

Glückliche oder zufriedene Paare versuchen sich und den Partner so anzunehmen, wie sie sind. Sie versuchen nicht, den anderen in seiner „Ganzheit" zu ändern. Sie nörgeln und mäkeln nicht aneinander herum, weil sie unzufrieden sind und erwarten, dass der andere alles macht, damit man selbst glücklich ist. Sie erkennen die unterschiedlichen Sichtweisen, Meinungen und Wahrnehmungen des anderen an, und sie versuchen achtsam zu sein. Achtsam mit sich selbst, aber auch mit dem Partner und mit der Beziehung. Und Sie überlegen, was sie tun können, um den Partner glücklich zu machen, anstatt immer darauf zu warten, dass der Partner etwas tut.

GLÜCKLICHE PAARE SEHEN AUCH DAS GUTE!

Glückliche Paare sind in der Lage – trotz schwerer Momente und der auch nicht immer so einfachen Macken des Partners –, immer noch zu sehen, was gut ist. Und manchmal auch, was gerade nur noch ein bisschen gut ist. Sie reflektieren sich und ihr eigenes Verhalten und versuchen mit gutem Beispiel voran zu gehen. Statt im Streit mit „Wie du mir, so ich dir" zu reagieren, handeln sie eher im Sinne von „So wie ich mit dir, so wünsche ich es mir auch von dir".

Sie sind auch in der Lage, zu verzeihen bzw. sich zu entschuldigen. Sie leben den Ausgleich von Geben und Nehmen. Deshalb ist es auch so wichtig, darauf zu achten, dass das Beziehungskonto nicht zu sehr ins Minus rutscht. Denn wenn einer nur gibt oder einer nur nimmt, wird es irgendwann zu einem Ungleichgewicht in der Beziehung kommen und das wird zu Spannungen und Missstimmungen führen.

Die Fähigkeit von glücklichen Paaren, auch mit Problemen umgehen zu können, liegt also auch an den positiven Erfahrungen, die sie miteinander erlebt haben, die sie verbindet – es liegt an ihrer Beziehungsgeschichte. Und sie wissen, dass das Leben mit all seinen Facetten manchmal nicht so rund läuft, und versuchen trotzdem, das Beste daraus zu machen. Sie entscheiden sich, anzuerkennen, dass „es eben manchmal so ist, wie es ist!" – halten es aus oder ändern es.

EINFACH MAL DANKE SAGEN!

Wenn wir dankbar sind und das dem Partner auch zeigen, ist das nicht nur ein Zeichen von Wertschätzung dem anderen gegenüber, es macht uns auch selber glücklich und zufrieden.

Ist es nicht absurd, dass die Menschen, die uns am nächsten sind, am wenigsten Anerkennung erhalten? Ist es nicht absurd, dass alles, über das man sich früher freute, das einem das Herz aufgehen ließ, heute ganz normal und selbstverständlich geworden ist?

Wir erfahren oft kaum noch Wertschätzung und wissen dann das Schöne im Leben gar nicht mehr zu schätzen. Er tut etwas für mich? Naja, ich tue schließlich ja auch etwas für ihn. Wofür also dankbar sein, wir sind doch schließlich quitt – oder mache ich nicht sowieso viel mehr als mein Partner? Dankt er mir das, was ich für ihn mache? Na, also!

Wie ist das bei Ihnen? Sagen Sie ab und an auch mal Danke für die Dinge, die Ihr Partner für Sie macht?

Erinnern Sie sich: Was tut mein Partner eigentlich für mich? Nimmt er mir ungeliebte Arbeiten ab? Unterstützt er mich im Alltag? Hört er mir zu? Kann ich mich jederzeit auf ihn verlassen? Ist er aufmerksam?

All diese Dinge sind es wert, sie zu erkennen, anzuerkennen und dafür Danke zu sagen.

✳ Danke, dass du immer für mich da bist.

✳ Danke, dass du den Tisch immer so schön deckst.
   Das gefällt mir sehr (ja, auch für solche „Kleinigkeiten" darf
   man sich bedanken!).

✳ Danke, dass du immer dafür sorgst, dass die Kinder rechtzeitig zum Sport kommen.

✳ Danke, dass du mich gerade so unterstützt hast. So, wie du
   das gerade geregelt hast, da ziehe ich den Hut, das hätte ich
   mich nicht getraut, usw.

Es gibt so viele kleine Gesten, so viele kleine Dinge, die man aus
Liebe zu uns tut, über die wir uns freuen – und für die wir uns bedanken dürfen.

Wenn Sie Ihrem Partner danken, dann fühlt er sich anerkannt
und wertgeschätzt. Und wer sich geliebt, gesehen und wertgeschätzt fühlt, der ist auch eher in der Lage, seinerseits seine Dank-
barkeit auszudrücken.

Es geht also auch hier darum, achtsam zu sein und den Blick in
eine Richtung zu lenken, die – trotz aller Probleme, Schwierigkeiten und Widrigkeiten des Lebens – auch noch da ist. Und es geht
darum zu erkennen, dass eben nicht alles selbstverständlich ist.

Übertreiben Sie aber nicht, sondern seien Sie authentisch. Sie
sollten es also ernst meinen, wenn Sie Danke sagen. Wenn es Ihnen
noch ein wenig schwer fällt, „üben" Sie einfach ein wenig an Ihren
Kindern, Freunden oder Kollegen. Was schätzen Sie an ihnen, was
bereitet ihnen Freude? Wofür möchten Sie sich bei ihnen bedanken?

Und sollte Ihr Partner noch nicht so weit sein, dann gehen Sie
mit gutem Beispiel voran! Und wenn Sie selber noch nicht so weit
sind, weil es Ihnen schwer fällt, auch einmal ein Danke anzunehmen, dann üben Sie das eben auch noch ein bisschen!

SONST NOCH WAS?

Sagen oder zeigen Sie Ihrem Partner, dass Sie ihn lieben, indem Sie...

* ihm zeigen, wie toll und sexy er für Sie ist.

* ihm auch mal etwas hinterherräumen, Socken zum Beispiel oder dreckiges Geschirr.

* an seiner Seite sind, wenn es gerade ganz besonders schwer für ihn ist.

* ihm vertrauen.

* ihn zwischendurch einfach mal wie verrückt küssen.

* ihm zwischendurch mal sagen oder schreiben, was Sie besonders an ihm lieben.

* ihm zeigen, dass er die Nummer eins ist – auch vor anderen.

* ihm sein Lieblingsessen zubereiten – auch wenn Sie Linsensuppe eigentlich überhaupt nicht mögen.

LITERATUR

Gottman, J. M.,   Die 7 Geheimnisse einer glücklichen Ehe,
Berlin 2014

Jellouscheck, H.,   Achtsamkeit in der Partnerschaft,
Freiburg 2011

Jellouscheck, H.,   Warum hast du mir das angetan?,
München 2005

Jellouscheck, H.,   Wie Partnerschaft gelingt – Spielregeln der
Liebe, Freiburg 2007

Johnson, S.,   Liebe macht Sinn, München 2017

Kaddik, A.,   Wie aus Schmerzen Perlen werden,
Gütersloh 2014

Moeller, M.,   Die Wahrheit beginnt zu Zweit,
Reinbek 2010

Schindler, L. et al.,   Partnerschaftsprobleme?,
Berlin / Heidelberg 2017

Schulz von Thun, F.,   Miteinander reden Teil 1–3,
Reinbek 2010

Watzlawick, P.,   Anleitung zum Unglücklichsein,
München 2009